AF378109

R.E.I. Editions

Tutti i nostri ebook possono essere letti sui seguenti dispositivi:
- Computer
- eReader
- iOS
- Android
- Blackberry
- Windows
- Tablet
- Cellulare

Silvestri - Angioni - Lombardi

Genio Guastatori

Forse Speciali (5)

ISBN: 978-2-37297-3939
Disponibile in formato ebook - ISBN: 978-2-37297-4011

In copertina: stemma del 21° Reggimento Genio Guastatori

Pubblicazione: 5 maggio 2015
Nuova edizione aggiornata: 23 gennaio 2022
Copyright © 2015-2022 R.E.I. Editions
www.edizionirei.webnode.com

Silvestri - Angioni - Lombardi

Genio Guastatori

R.E.I. Editions

Indice

Il Genio Guastatori

Il termine "Guastatore" ha radici molto profonde legate alla stessa origine dell'Arma del Genio e ci fa risalire alle tracce di tecnicismo militare presenti nelle guerre fino dalla prima età della storia dell'uomo.

Già nell'epoca romana il tecnicismo militare prevede vere e proprie opere di fortificazione campale. Giulio Cesare annette grande importanza alle opere di fortificazione e preparazione del campo di battaglia così come ritiene altrettanto importante la distruzione delle opere di difesa nemiche; distruzione che veniva compiuta dai "fossores" il cui modo di operare li avvicina molto ai guastatori e ai minatori.

Infatti, fra i bassorilievi della Colonna Traiana, in Roma, sono scolpiti militari, allora detti "fabri", che effettuano lavori di rafforzamento degli accampamenti ma che concorrono anche alla loro difesa usando picconi e scuri, gli stessi arnesi impiegati nei lavori.

E', però, nel 55 a.C., in occasione della costruzione da parte delle Legioni romane del ponte sul Reno in soli 10 giorni, che vengono menzionati i "guastatores" (ossia i distruttori) e cioè gli operai militari che erano anche costruttori per eccellenza.

Successivamente, nel corso della storia, ritorna ancora il termine "guastatore" però bisogna arrivare al 1793 per parlare di nascita ufficiale della Specialità. Infatti, l'atto costitutivo del "Corpo dei Guastatori" voluto da Sua Maestà il Re di Sardegna, vede la luce a Torino il 21 gennaio 1793.

E' un documento molto dettagliato ed estremamente interessante nel quale, fra l'altro, si legge:

"Il Corpo dei Guastatori sarà comandato da un Colonnello, o Luogotenente Colonnello, e sarà composto di due Battaglioni di quattro Compagnie cadauno, e ogni Battaglione avrà il suo Stato Maggiore".

Determinazione
di S. M.
(il Re di Sardegna)
e disposizioni per
la formazione del
Corpo de' Guastatori
(21 gennaio 1793)

Questo Corpo deve essere composto di gente forte, disinvolta e propria per il servizio di Guastatore, e abile, perciò, a ogni sorta di lavoro, alla costruzione di ponti sodi, di ponti di barche, a travagli da mina, a quelli di terra, e simili, e gli Ufficiali massimamente dovranno avere un'idea dell'Architettura Militare.

Autentiche azioni da guastatori sono compiute nel 1916, nella 1a Guerra Mondiale, da militari del Genio provenienti da tutti i reparti, incorporati nella "Compagnia della Morte", creata e comandata dall'allora Capitano Cristoforo Baseggio, definito "un eroe e un diavolo". Essa va in azione il 20 luglio 1916, alla conquista della Caverna Lunga di Cima 3, sul Monte S. Michele, aprendo la strada a un battaglione bersaglieri. Partecipa a diverse altre azioni distinguendosi sempre con atti di fulgido eroismo. Da una relazione di un ufficiale di artiglieria di un Gruppo da montagna assegnato in accompagnamento alla Compagnia della Morte si legge:

"Ai provenienti dal Genio veniva affidato il compito di aprire varchi nei reticolati avversari, lanciando tra i paletti tubi pieni di gelatina esplosiva. Subito dopo si andava tutti all'assalto con fucili, baionette spesso usate come pugnali; gli Ufficiali con le pistole e tutti con bombe a mano; la riuscita era affidata alla sorpresa e all'impeto dell'attacco, appoggiato sino all'estremo limite di sicurezza dal tiro dei nostri cannoncini da montagna, che sparavano pochi palmi al di sopra delle teste degli attaccanti così da proteggerli e sostenerli sino a pochi metri dalle trincee avversarie. Questa azione di appoggio e protezione, però, non poteva essere svolta a favore degli arditi della Compagnia della Morte perché avrebbe annullato la sorpresa".

Questi "Arditi del Genio", che non avevano avuto un preventivo specifico addestramento ma che agivano d'iniziativa, con decisione ed estrema audacia, possono dirsi senz'altro i precursori dei Guastatori del Genio della 2a Guerra Mondiale. E' a essi, infatti, e ai "Genieri d'assalto" tedeschi che si ispira il Col. Steiner per svolgere, nel 1940, i corsi dei Guastatori del Genio nella Scuola di Campo dell'Oro a Civitavecchia. La specialità guastatori sorse per la prima volta in Germania sotto la denominazione di Pionier. Anche in Italia, visti gli sbalorditivi risultati ottenuti dai Pionier nelle Ardenne durante la Campagna di Francia, a partire dal 1940, elementi del genio artieri vennero inviati alla Scuola Guastatori creata a Civitavecchia, zona Campo dell'Oro, per esser addestrati al particolare compito di avvicinarsi alle opere fortificate nemiche, collocare cariche esplosive nei punti più vulnerabili (feritoie, porte, botole), attendere l'esplosione a pochi metri di distanza e quindi, con l'appoggio di armi d'assalto (fucili d'assalto, mitragliatrici, lanciafiamme, mortai e bombe a mano), irrompere attraverso la breccia aperta. Condizioni necessarie per la riuscita dell'assalto erano: sorpresa, temerarietà, pianificazione, sincronizzazione e rapidità d'azione.I reparti guastatori dell'Esercito Italiano furono ordinati in compagnie che successivamente vennero riunite in battaglioni. Elemento fondamentale era il plotone organizzato su due gruppi distruzione (ciascuno dotato di armamento individuale, bombe a mano, candelotti fumogeni, cariche allungate per aprire varchi e cariche speciali per la distruzione di feritoie e per il danneggiamento di cupole corazzate) e due gruppi sostegno (dotati di mitragliatrici e mortai da 45 mm). Detto plotone era ritenuto capace di attaccare con successo un'opera dotata di 3-4 postazioni attive. Per le divisioni paracadutisti e alpine furono costituiti, rispettivamente, battaglioni e compagnie guastatori speciali.

Attualmente i Guastatori sono riuniti in 9 Reggimenti:

- 2° Reggimento Genio Guastatori Alpino
- 3° Reggimento Genio Guastatori
- 4° Reggimento Genio Guastatori
- 5° Reggimento Genio Guastatori
- 8° Reggimento Genio Guastatori Paracadutisti "Folgore"
- 10° Reggimento Genio Guastatori
- 11° Reggimento Genio Guastatori
- 21° Reggimento Genio Guastatori
- 32° Reggimento Genio Guastatori Alpino

Impiego

Il genio è un "corpo" molto versatile, i cui compiti principali sono:

- Predisporre le strutture logistiche necessarie alle altre armi rimozione di ostacoli nel terreno, comprese strutture nemiche, anche mediante l'utilizzo di bulldozer corazzati.
- Realizzazione di ponti per il superamento di ostacoli (fossati anticarro, canali, fiumi, laghi).
- Apertura varchi nelle opere difensive avversarie.
- Ripristinare o interdire il passaggio lungo le principali vie di comunicazione.
- Gestione esplosivi e armi chimiche o batteriologiche.
- Rimozione o posizionamento di mine.
- Realizzare demolizioni.
- Realizzare opere difensive.

Tra tutte, una delle principali attività dei vari Reggimenti Guastatori consiste nella bonifica di ordigni esplosivi abbreviata EOD (Esplosive Ordnance Disposal), ovvero l'insieme di operazioni comprendenti la rivelazione, l'identificazione, la valutazione, la messa in sicurezza, la rimozione e l'eliminazione finale di ordigni inesplosi. Questo può anche includere la messa in sicurezza e l'eliminazione di ordigni esplosivi divenuti pericolosi per aver subito danni o deterioramenti e quando la bonifica di tali ordigni esplosivi è al di fuori delle capacità del personale a cui sono normalmente assegnate le responsabilità della bonifica di routine.

In relazione alla tipologia degli ordigni su cui vengono svolte le operazioni, l'EOD si può suddividere in attività di bonifica di:

- Munizionamento chimico biologico.
- Munizionamento convenzionale.
- Ordigni esplosivi improvvisati.
- Ordigni nucleari.
- Munizionamento subacqueo.

Gli interventi riguardano principalmente la rimozione e la neutralizzazione di ordigni residuati bellici della 1ª e 2ª guerra mondiale. Mediamente, ogni anno vengono svolti circa 500 interventi di bonifica su tutto il territorio. Gli stessi specializzati che lavorano sul suolo Nazionale, sono chiamati anche a operare in tutte le missioni internazionali a cui l'Italia prende parte.

La missione EOD consiste nel fornire alle Forze Militari NATO le capacità a effettuare operazioni EOD consistenti nel rilevare ed eliminare le cause degli eventi EOD che, allorquando si verificano, compromettono la manovra delle unità combattenti, distruggono le comunicazioni, attentano al morale, o paralizzano i complessi industriali, i porti, le vie d'acqua, le basi aeree o i centri abitati.

Si definisce Ordigno esplosivo (Explosive Ordnance - EO) qualsiasi munizione contenente esplosivi, materiali a fissione o fusione nucleare, agenti chimici e biologici.

Questi includono le bombe e le teste di guerra; i missili guidati e balistici; il munizionamento di artiglierie, di mortai; i razzi e le munizioni di armi portatili; tutte le mine, le torpedini e le cariche di profondità, le cariche da demolizione; gli artifizi e gli ordigni pirotecnici; i clusters e i dispensers; i cartocci e i dispositivi auto-propulsi; i dispositivi elettro-esplosivi; gli ordigni esplosivi improvvisati e le trappole; e tutti gli oggetti similari o correlati o i componenti di natura esplosiva.

Preliminarmente subentra l'attività di Riconoscimento di ordigni esplosivi (Explosive Ordnance Reconnaissance - EOR), la quale comprende la ricerca, la rivelazione, la localizzazione, la segnalazione, l'identificazione iniziale e la compilazione di un rapporto su ordigni inesplosi, condotta da operatori EOR, al fine di determinare le azioni successive da intraprendere. Seguono le Procedure di messa in sicurezza (Render Safe Procedures – RSP), che sono le procedure applicate dagli operatori EOD per rendere sicuro un ordigno. Tali procedure prevedono quelle azioni atte a interrompere (in maniera permanente o momentanea) la catena di funzionamento dell'ordigno fino al momento della sua distruzione finale. Il Comandante dell'incidente (Incident Commander - IC) è la persona sulla scena dell'incidente che ne assume il comando e controllo, cui è delegato il compito di organizzare:

- Punto di controllo dell'incidente EOD (Incident Control Point - ICP EOD), ovvero un'area sicura, entro il cordone di sicurezza, da cui la squadra EOD gestisce le operazioni di bonifica (l'IC può, se vuole, sostare in quest'area).
- Punto di controllo dell'incidente (Incident Control Point ICP), ovvero un'area posta al di fuori del cordone di sicurezza in cui stazionano i membri delle organizzazioni chiamate a supporto dell'attività EOD (Vigili del Fuoco, Ambulanze) e da cui l'IC controlla le operazioni.

La gestione degli ordigni esplosivi riguarda le seguenti quattro categorie:

- CMD (Conventional Munition Disposal).
  Bonifica di munizionamento convenzionale. La rivelazione, l'identificazione, la valutazione sul terreno, la messa in sicurezza, la rimozione e l'eliminazione finale di ordigni inesplosi, eccetto gli ordigni esplosivi improvvisati e gli ordigni chimici, biologici e nucleari.
  Tale attività può anche includere la messa in sicurezza e/o l'eliminazione di ordigni esplosivi (eccetto gli ordigni improvvisati e gli ordigni chimici, biologici e nucleari) che sono divenuti pericolosi per danni o deterioramenti.
- IED (Improvised Explosive Device)
  Ordigni esplosivi improvvisati. Quegli ordigni collocati o costruiti in maniera improvvisata e che inglobano materiali distruttivi, letali, velenosi, pirici o incendiari e che sono progettati per distruggere, deturpare, distrarre o molestare. Essi possono comprendere parti di uso militare, ma normalmente sono costruiti con componenti di impiego non militare.
- IEDD (Improvised Explosive Device Disposal).
  Bonifica di ordigni esplosivi improvvisati. La rivelazione, l'identificazione, la valutazione sul terreno, la messa in sicurezza, il recupero e l'eliminazione finale degli IED.
- UXO (Unexploded Ordnance).
  Ordigno inesploso. Ordigni esplosivi che sono stati innescati, spolettati, armati o preparati in altro modo per l'azione e che sono stati rilasciati, sparati, lanciati, proiettati o collocati in maniera da costituire un pericolo per le operazioni, installazioni, personale

o materiale e che sono rimasti inesplosi per un malfunzionamento, per difetto di costruzione o per ogni altra causa.

L'attività EOP si sviluppa nelle seguenti sei fasi:

- **Localizzazione dell'ordigno**

L'attività consiste nell'effettuare la ricerca dell'ordigno nei casi di seguito descritti:
- La ricerca di ordigni posti tra la vegetazione in superficie o a una limitata profondità nel terreno.
- La ricerca di ordigni situati in acque poco profonde come acquitrini e fiumi.
- La localizzazione di ordigni collocati in profondità nel terreno.

Per tutte le situazioni elencate si procede direttamente con la ricerca visiva mediante l'ausilio di binocoli e cannocchiali (per gli ordigni posti al di sotto del terreno è possibile individuare visivamente i fori di entrata) e con strumenti rivelatori di metallo (AN-19/2, Ferex 4.021). Per la rivelazione di ordigni collocati a profondità notevoli, occorre trivellare dei fori nel terreno per permettere l'introduzione della sonda del Ferex 4.021. Gli strumenti citati sono solo i più rappresentativi della vasta gamma di attrezzature in uso (rivelatori di rumori, specchi, endoscopi, aste di sondaggio).

- **Accesso all'ordigno**

La fase di accesso all'ordigno include quelle operazioni necessarie a raggiungere fisicamente l'ordigno.

Questo problema riguarda sia gli ordigni situati in profondità nel terreno, sia gli ordigni posti in superficie (anche all'interno o all'esterno di costruzioni, di aerei caduti, di veicoli).

- Per quanto attiene agli ordigni in superficie o appena al di sotto, occorre accedere a essi utilizzando l'osservazione a vista, i "feeler" e i "prodder" per le mine e le Booby Traps, badili e gravine, in modo da rendere sicuro il percorso di avvicinamento e la successiva messa allo scoperto.

- Per gli ordigni in profondità, l'accesso si ottiene tramite l'escavazione di buche o pozzi utilizzando macchinari (trivelle, escavatori) o direttamente badili e picconi. Spesso, data la scarsa consistenza del terreno, per impedirne il crollo, è necessario rivestire gli scavi con strutture di sostegno costruite in legno o metallo leggero.

- **Identificazione dell'ordigno**

Questa fase prevede l'identificazione certa dell'ordigno, del suo funzionamento e delle condizioni attuali (armato o non armato, perdita del caricamento, ecc.).
Per l'identificazione, l'operatore si avvale della sua esperienza, di manuali tecnici, "database" ovvero consigliandosi con altro personale esperto nel settore specifico. È di vitale importanza che l'ordigno venga identificato con certezza. Nell'eventualità che ciò non fosse possibile, occorrerà considerare la situazione attribuendole il massimo della pericolosità (esplosivo più potente, sistema di spoletta più sensibile, ecc.).

- **Valutazione della situazione**

È la fase in cui, una volta identificato l'ordigno, occorre adottare tutte le misure di sicurezza opportune (cordonamento, evacuazione), effettuare i lavori di protezione (copertura, trinceramento) e formulare un piano, per la risoluzione del problema, che sfrutti il criterio del rischio minore con il massimo dei risultati.

- **Messa in sicurezza dell'ordigno**

In questa fase occorre porre in atto il piano formulato precedentemente. Tale piano deve prevedere l'attuazione di una determinata azione da compiere scelta fra più opzioni possibili.

Queste opzioni sono:

- Rimozione a distanza delle spolette (chiave a razzo, tiranterie, estrattore, dearmer).
- Immunizzazione delle spolette (sistema di refrigerazione, Gomma di Parigi).
- Rimozione manuale delle spolette (con chiavi e attrezzi).
- Rimozione dell'ordigno per la successiva distruzione in un'area idonea (in genere cave).
- Brillamento in alto ordine (detonazione) in sito dell'ordigno.
- Distruzione in basso ordine (combustione o deflagrazione per ridurre i danni).

- **Bonifica finale**

È l'ultima fase delle operazioni. Essa prevede la bonifica del sito di ritrovamento o di distruzione dell'ordigno. Tale attività comporta l'eliminazione completa delle parti esplosive dell'ordigno mediante brillamento, deflagrazione o combustione.

Plotoni A.C.R.T.

L'acronimo inglese ACRT significa "Advanced Combat And Reconnaissance Team" ed è traducibile con l'espressione italiana "Team Avanzato per le Ricognizioni e il Combattimento".

Il compito principale del plotone è sicuramente quello di fornire un adeguato supporto tecnico effettuando ricognizioni, al fine di raccogliere dati e informazioni essenziali per lo sviluppo della manovra in ambiente permissivo e non. Questi dati e informazioni si concretizzano in particolar modo in:

- Localizzazione e identificazione di campi e aree minati
- Classificazione di opere d'interesse tattico (ponti, guadi, attraversamenti, corsi d'acqua, gallerie, etc.)
- Classificazione di strade e itinerari in relazione agli STANAG di riferimento.

Un altro compito che spetta al plotone ACRT, è quello di fornire supporto alle forze di manovra nelle operazioni offensive nel combattimento nei centri abitati, con particolare riferimento a:

- Ricognizioni per determinare l'entità e tipologia di ostacoli esistenti.
- Ricognizioni per determinare possibili vie d'accesso/fuga delle aree sensibili.
- Accesso a edifici/locali mediante l'ausilio di attrezzature meccaniche ed esplosive.

Oltre a fornire supporto nelle operazioni offensive sopraccitate, il plotone ACRT è impiegato nell'acquisizione di informazioni relative agli assetti Guastatori avversari, effettua quindi attività di "Intelligence"; può essere impiegato in attività di "Terrain Analysis" e di "Terrain Intelligence", attività traducibili in ricognizione e studio del terreno.

Un ulteriore compito è quello di assicurare la gestione degli elementi fondamentali dell'Engineer Intelligence inerenti alle principali aree tematiche sopra descritte, mediante i più sofisticati e recenti sistemi informatici.

Il plotone ACRT è inserito organicamente nel 3° Reggimento Genio Guastatori e in particolare nelle Compagnie Guastatori, che sono la 31ª e la 32ª.

Military Search

La capacità "Military Search" (Ricerca Militare), svolta in supporto alla strategia C-IED, consiste nella ricerca finalizzata a individuare gli IEDs o parte di essi (componenti), i luoghi di occultamento degli stessi e gli elementi costituenti il "Sistema IED" che consentono alle Forze avverse di mettere in atto il "ciclo dell'attacco IED". Attraverso l'acquisizione della capacità di Military Search, la strategia di contrasto agli ordigni esplosivi improvvisati (C-IED) si dota, di fatto, di uno strumento fondamentale per "creare coerenza e sinergia" tra i pilastri della strategia C-IED "defeat the device" e "defeat the Sistem by attacking the Network".

In funzione della natura delle operazioni che devono essere condotte (offensive o difensive) si possono configurare i seguenti obiettivi della Ricerca Militare:

- **"Military Search" in operazioni offensive**

La condizione necessaria e sufficiente affinché possa aver luogo la condotta di un'operazione di "Military Search" offensiva è il mantenimento dell'iniziativa che si consegue limitando/annullando la "libertà di manovra" dell'avversario e privandolo delle proprie risorse fondamentali (materiali e strutture). Le "Military Search" nell'ambito di operazioni offensive possono essere considerate quale "strumento non letale" e, quindi, a basso impatto sulla popolazione locale, condizione, quest'ultima, che favorisce il ripristino delle condizioni di normalità e la premessa favorevole per la successiva fase di stabilizzazione. In particolare, le "Military Search" offensive consentono di:

- Privare le Forze avverse delle risorse che potrebbero essere impiegate per nuocere, limitandone la capacità di attacco.
- Raccogliere dati informativi sul "Sistema IED".
- Favorire le condizioni per la raccolta delle prove legali da utilizzare contro la componente umana del "Sistema IED".

- **"Military Search" in operazioni difensive**

Tali attività sono finalizzate a ripristinare o aumentare la "libertà di manovra delle Forze Amiche in specifiche aree e/o itinerari e a incrementare significativamente il livello di protezione delle Forze Amiche (Force Protection - FP). Tali operazioni consentono di assicurare, con un certo grado di accuratezza e con un certo livello di garanzia, la "Non Presenza" di ordigni esplosivi in determinate aree, aumentando di conseguenza la percezione di "ambiente sicuro". A oggi, solo alcune Nazioni alleate si sono dotate della capacità in parola (GBR, USA, NDL, FRA). Altre nazioni stanno sviluppando tale capacità e altre ancora si sono affidate all'Italia che ha assunto la chairmanship dello sviluppo della capacità in titolo in ambito "European Defence Agency - EDA". Il 3° Reggimento Genio Guastatori nell'aprile 2010 ha qualificato, presso il Centro addestramento contro ostacolo della Scuola del Genio, i primi tre CEIST (Combat Engineer Intermediate Search Team) che svolgeranno la fase di sperimentazione di questa nuova capacità sia sul territorio nazionale che nei teatri di operazione.

Capability Basket

Alla base delle indicazioni formulate nel documento "JIC 001 Capacità di Proiezione dal mare" dello Stato Maggiore Difesa, il 3° Reggimento Genio Guastatori è coinvolto nel fornire un "Pool" di assetti e capacità che insieme ad altre componenti dell'Esercito e della Marina Militare, dovranno costituire una "Landing Force Nazionale" per operazioni "expedicionary" che prevedono l'inscrimento di forze in ambiente ostile, incerto o permissivo. In particolare, alle componenti del 3° Reggimento Genio Guastatori si chiede di assicurare interventi di mobilità, contro mobilità, engineer intelligence anche con dispositivi autonomi.

Il processo di alimentazione del Capability Basket della Landing Force vede nel conseguimento della Qualifica Anfibia Esercito (QAE) - di tipo Alpha, Bravo e Charlie - la sua formalizzazione tecnico-operativa.Il personale in possesso di Qualifica Anfibia Esercito tipo Alpha e dei requisiti sanitari potrà acquisire successivamente la "Abilitazione Anfibia MMI" (AAM) rilasciata da COMFORSBARC al termine del "Corso Integrativo di Abilitazione Anfibia per personale EI. A premessa del conseguimento dell'AAM e quale completamento della QAE "ALPHA" sono previste per il personale del 3° Reggimento Genio Guastatori anche le seguenti attività formative:

- Attività roccia.
- Aeromobilità.

Storia

Verso la fine del '700, il Re di Sardegna, con Determina del 21 Gennaio 1793, dettò delle disposizioni per la formazione del Corpo dei Guastatori. Già esisteva, nella Legione degli accampamenti, il battaglione Guastatori e con questa nuova disposizione veniva creato il Corpo dei Guastatori. Il comando era affidato a un colonnello o tenente colonnello ed era strutturato su due battaglioni di quattro compagnie ciascuna. Come prima "cellula" nacquero le "Compagnie della Morte", piccoli reparti, quasi tutti con militari del Genio esperti di esplosivo che, strisciando sotto il fuoco nemico, ponevano cariche esplosive sotto i reticolati, per distruggere l'ostacolo passivo, il reticolato. Finalmente comparvero le Bombarde, armi a tiro curvo, utilissime per la distruzione dei reticolati. Quando, nel 1917, nacquero i Reparti d'Assalto, nella struttura del reparto comparve la figura del Guastatore nel plotone specialisti formato da:

- Squadra mitraglieri, con 16 Arditi.
- Squadra guastatori, 12 Arditi.
- Squadra segnalatori, 15 Arditi.

La squadra guastatori svolgeva una funzione, iniziale, simile a quella che svolgeranno i Guastatori nella seconda guerra mondiale: l'apertura di un varco. E come i propri "nipoti" erano i primi a entrare in azione. Piazzavano una bomba di bombarda sotto il reticolato e, dopo esplosa, completavano il varco con piccozza e badile. Finita l'azione, collaborando con i plotoni d'assalto e d'attacco, si riunivano per eseguire lavori speditivi difensivi.

L'esercito tedesco aveva, fin dalla prima guerra mondiale, reparti di Pionieri d'Assalto.

La consacrazione e visibilità all'estero, la ebbero, però, agli inizi della seconda guerra mondiale. Le azioni fatte sulla linea Maginot e in Belgio, assalendo il forte Eban Email, avevano "sfatato" il mito di queste fortificazioni invincibili.

Le immagini delle azioni, utilizzando le cariche cave, semisferiche, dove si vedevano i fori prodotti dall'esplosivo, fecero il giro del mondo. Prima della guerra, in Italia, non esisteva tale specialità. Un ufficiale superiore del Genio, Pietro Steiner, sull'esperienza dei nostri Reparti d'Assalto e dei Surmpionieer tedeschi della prima guerra mondiale e su quella della seconda, appena iniziata, propose di istituire questa specialità. Il compito non era agevole.

Non c'era un minimo di esperienza. Fu scelto il posto dove si sarebbero addestrati i futuri "Genieri d'assalto", Campo dell'Oro, presso Civitavecchia in provincia di Roma.

- L'addestramento durava circa 6 settimane.

I primi arrivati oltre a costituire il campo, realizzando poligoni e baracche, dovettero letteralmente "inventarsi" l'addestramento. L'unica cosa certa è che veniva effettuato con munizioni, esplosivi e lanciafiamme veri. Il Colonnello Steiner voleva persone che, al momento del pericolo, non mettessero in difficoltà, assaliti dalla paura, la squadra o il plotone. Steiner era solito andare in mezzo ai futuri Guastatori e gettare, in maniera non pericolosa, bombe a mano o altri artifizi esplosivi. Se l'allievo mostrava segni di paura, veniva rispedito al reparto di provenienza. La selezione doveva essere e fu, severissima.

A questo scopo utilizzò il sistema già sperimentato dai nostri reparti d'assalto, durante la prima guerra. Se uno della squadra veniva ferito o perdeva la vita, era rimpiazzata l'intera squadra. La squadra che aveva perso uno o più elementi, veniva mandata in addestramento con i nuovi per formare pieno affiatamento. Solo dopo il raggiungimento di questo obiettivo, potevano di nuovo operare. Era fondamentale la fiducia tra tutti i componenti la squadra. Molti guastatori, benché brevettati, furono "rimandati a casa" al momento dell'arrivo al reparto. Venivano, infatti, sottoposti a delle vere e proprie "prove di coraggio", dagli ufficiali. Due furono i corsi svolti a Civitavecchia, dove si formò l'ossatura della specialità. Da questi due corsi uscirono 9 compagnie che, successivamente, furono inquadrati in 3 battaglioni più alcuni reparti autonomi. Dal primo corso uscirono 4 compagnie: la 1a, la 2a, la 7a e l'8a. Dal secondo corso, Ottobre 1940, uscirono le altre 5 compagnie (quattro del Genio e una sola del Genio Alpino, la 9a), che diedero vita al XXX ° e XXXII° Batttaglione.

- La 3a e la 4a formarono il XXXII°, che fu il primo a entrare in azione in Africa Settentrionale.
- La 5°, divenuta 6a, che insieme alla 9a, dopo aver "messo la penna", confluì nel XXX° battaglione Guastatori del Genio per Corpo d'Armata Alpino.
- La 6° divenne 5° e rimase autonoma.

Successivamente la Scuola passò alla Fanteria con istruttori del Genio. L'addestramento, dei Guastatori del Genio, continuò presso la Compagnia addestramento, amministrata dal 5° Reggimento Genio. Naturalmente la sede di Civitavecchia era un'altra cosa. Inizialmente la sede era a Ronchi dei Legionari (GO), successivamente passò a Banne (TS). In tutto i corsi furono sei, due a Civitavecchia e gli altri presso la Compagnia di addestramento. Presso questa compagnia, oltre a formare i guastatori che sostituivano i caduti e feriti, nacque anche la 10a compagnia, denominata Santa Barbara, l'11a, la 30a (Genio Alpino), e la 30a bis (Genio Alpino).

Presso Torri del Benàco, dove c'era, come istruttore, Manlio M. Morelli della 9a si brevettarono i Guastatori Nuotatori del San Marco, salvo il loro comandante, Fernando Berardini (Medaglia d'Oro al Valor Militare), che si era brevettato a Civitavecchia dove rimase come istruttore per i Guastatori di Fanteria, prima di passare, presso Pola, al comando del reparto. Al termine del 1° corso, (ottobre 1940) le varie compagnie furono dislocate in varie zone. Alcune furono "smembrate" con i plotoni inviati presso vari reggimenti.

Al termine del 2° Corso della Scuola Addestramento di Campo dell'Oro, erano state formate le altre cinque compagnie. Tre (5a, 6a e 9a) furono unite sotto il comando del Capitano Vincenzo Mazzucchelli di Morazzone. La 5a compagnia "Tuona la Tempesta", assunse poi il numero 6, mentre la 6a compagnia "Teste dure" divenne la 5a "Tuona la Valanga", costituita da Guastatori Alpini, comandata dal Tenente Manlio Maria Morelli (soprannominato "Aquila nera") che aveva già meritato (Giugno 1940) una Medaglia d'Argento al Valor Militare combattendo sul fronte francese. Alla fine del Febbraio 1941 le tre compagnie furono inviate in Albania, dove il 28 Ottobre 1940 era cominciata la guerra contro la Grecia; assegnata alla IX Armata e dislocata presso il Villaggio di In, sul lago di Òcrida, dipendeva da un Raggruppamento Speciale Genio, e si dedicò all'addestramento. L'8 Giugno cominciò il rimpatrio della 5a e 6a compagnia, ultima a partire fu la 9a Alpina, temporaneamente trattenuta al Corpo d'Armata Speciale Alpino. La 5a e la 6a andarono a Udine, all'11° Reggimento Genio, la 9a a Torri del Benàco, sul Lago di Garda, alle dipendenze del 4° Reggimento Genio di Verona. La 6a

"Tuona la Tempesta" si trasferì a Ronchi dei Legionari (GO) alla compagnia Addestramento Guastatori, per completare il suo organico, addestrando nuovi Guastatori.

Le compagnie 6a e 9a Alpina, formarono il XXX° Battaglione Guastatori del Genio Alpino. Fu così che per la prima volta, i guastatori della 6a misero, con orgoglio, la penna nera. La 5a compagnia "Teste dure" passò alla Divisione Aviotrasportata La Spezia, per partecipare al progettato attacco all'isola di Malta, che non fu mai eseguito: seguì le sorti della Divisione La Spezia in Tunisia.

La 5a compagnia "Teste dure"

Questa compagnia, dopo aver cambiato da 6a a 5a, lasciò il XXX° battaglione e venne trasferita, nell'Aprile del 1942, a Carrara, presso la Divisione aviotrasportata "La Spezia". Questa Divisione era stata formata per l'operazione su Malta. Per vari mesi si addestrò alle tecniche dell'avio-trasporto, con il resto della Divisione. Svanita l'azione, il 10 Novembre del 1942, fu inviata in Africa Settentrionale, al confine Cirenaico.

Venne, purtroppo, utilizzata per compiti diversi da quelli per cui era stata creata: posa di campi minati e costruzione di ostacoli anticarro. Lavori da zappatore, al massimo artieri d'arresto, ma no da Guastatori.

Con lo sfondamento del fronte arrivò in Tunisia, dove realizzò e difese alcuni campi minati (marzo 1943).

Nell'Aprile dello stesso anno, venne impiegata sulla linea di El Akarit, ripiegando per ultima. Venne, quindi, aggregata al 125° reggimento fanteria. Con questo reparto partecipò alla difesa di Sidi Zid. Negli ultimi giorni di Aprile e i primi di Maggio, prevenne diversi attacchi. L'11 Maggio ripiegò su Sidi Mansour e, alla fine della mattina, distrusse le proprie armi. Cessò così l'ultima difesa Italiana. Durante la campagna ebbe 6 morti, 11 feriti e 55 dispersi.

XXX° Battaglione per Corpo d'Armata Alpino

Unite le due compagnie, al comando di Mazzucchelli di Morazzone, il XXX° iniziò un intenso addestramento in montagna. 11 17 Marzo 1942 il Battaglione fu assegnato al Corpo d'Armta Alpino in fase di costituzione per essere inviato al fronte russo, in seno all'ARMIR.

La partenza per il Fronte Orientale avvenne il 21 Giugno 1942. Si addestrarono come cacciatori di carri con l'uso di mine magnetiche, tedesche, furono istruiti sulle mine di legno e quelle di vetro usate dai russi, non rilevabili dai cercamine magnetici, sulle penne esplosive e sulle tecniche della lotta contro i partigiani.

Il 25 Agosto 1942 si trasferì a piedi sulla linea del fiume Don, a Voroscilovgrad e da lì giunse, il 25 Settembre ad Arkhangelskaja, dove si sistemò in difensiva, stese campi minati e reticolati, e compì pattuglie oltre il fiume, in territorio nemico. Il 19 Novembre 1942 i Russi scatenarono una violenta offensiva invernale. Il XXX° Alpino era stato inviato in un primo tempo a schierarsi a scacchiera dietro la Divisione Vicenza; il 7 Gennaio 1943 tornò ad Arkhangelskaja. Il 13 Gennaio un plotone della 9a compagnia, comandato dal Tenente Costa, respinse con mine magnetiche e bombe anti carro (Pazzaglia) un attacco di carri, distruggendone uno. La mattina del 15 Gennaio 1943 il Battaglione si trasferì d'urgenza, in assetto di guerra e con armi controcarro, a Rossosch, sede del comando del Corpo d'Armata Alpino: si erano verificate puntate di carri. Il Maggiore Mazzucchelli, giunta la colonna a Rossosch alle 16:30, durante un'incursione aerea, fece accantonare il personale in edifici ubicati intorno alla sede del Comando del

Corpo d'Armata Alpino. La mattina del 16 Gennaio il Maggiore Mazzucchelli è presente al Comando del Corpo d'Armata Alpino quando il Generale Giulio Martinat, Capo di Stato Maggiore, apprende al telefono che una colonna corazzata russa, con Fanterie, sta attraversando il Ponte sul Fiume Kalitwa, puntando su Rossosch. Mazzucchelli offre il XXX° per arginare l'avanzata, Martinat accetta. La 9a compagnia parte subito. Il Maggiore Mazzucchlli ordina che la 9a compagnia marci in fila indiana. Piovono sulla colonna raffiche di PPSH41, abbattendo uomini di testa; il Maggiore è a terra con la gola squarciata, e mormora al Tenente Sonzini accorso accanto a lui: "Viva l'Italia".

Morelli ordina ai suoi di defilarsi dietro le case, fa appostare i Guastatori di testa al riparo di macerie e rottami, ordina di aprire il fuoco. Viene ferito gravemente al braccio destro, continua ugualmente l'azione riuscendo, in quelle condizioni, a distruggere un T.34 con, sopra, diversi siberiani. AI Tenente Astrella, il Maggiore Mazzucchelli aveva ordinato di adunare gli uomini e di seguire la 9a compagnia; quel movimento fu ostacolato da forti pattuglie russe, giunte ai margini di sinistra della Piazza. Il Comando Corpo d'Armata Alpino, abbandonata Rossosch, si era trasferito a Nord, il Battaglione Sciatori Alpini "Cervino" aveva ripiegato, mancavano collegamenti con altri reparti. Astrella e la sua 6a compagnia erano rimasti soli in città. Egli assunse il comando del Battaglione, asserragliò i superstiti del XXX° dietro la palazzina già sede del Comando Corpo d'Armata, resistendo a carri e Fanterie col solo fuoco di fucili mitragliatori e bombe a mano. Verso le 11:00 la 6a si trovava investita su tre lati, mentre sul quarto i Russi tentavano di chiuderla in una sacca. Astrella decise di sfondare in quella direzione, prima che fosse troppo tardi.

Da li iniziò la penosa ritirata che vide esempi di straordinario eroismo. La sera del 2 febbraio il Tenente Astrella giunse a Scebekino con un suo gruppetto, ricongiungendosi ai resti del Corpo d'Armata Alpino. Vi trovò il Sotto Tenente Valori con 11 uomini del XXX, che in quel momento contava perciò 3 Ufficiali, 2 Sottufficiali e 27 militari di truppa; il 4 Febbraio ne giunsero altri due. Quel giorno cominciò il lungo trasferimento in Italia dei superstiti del XXX° Battaglione Guastatori Alpini, che giunsero a Glinitza, dove furono raggiunti dal Tenente Battistelli con 5 militari. Il Bollettino di Guerra No. 630 dell'8 Febbraio 1943, del Comando Supremo Sovietico, diceva: "Soltanto il Corpo d'Armata Alpino deve ritenersi imbattuto sul suolo di Russia". Da Maloj-Woprik, dove arrivarono il 19 Febbraio, i Guastatori partirono alle 03:00 del 20 con autocarri tedeschi e giunsero due ore dopo a Rommy. Lo stesso giorno 20 partirono con una tradotta della Divisione Vicenza. Raggiunti da altri 8 militari, il 24, partirono a piedi, raggiunsero Jerenino, dove ne arrivarono altri 5, indi altri 4. Ora erano 4 Ufficiali, 4 Sottufficiali, 40 uomini di truppa; il 12 Marzo la forza era salita, rispettivamente, a 6 Ufficiali, 7 Sottufficiali e 52 uomini di truppa. Furono sottoposti a bagni e disinfestazione, essendo pieni di pidocchi.

Il 13 Marzo si recarono a piedi a Gomel, dove salirono su una tradotta tedesca, che li trasportò a Minsk, da dove, con un treno italiano, giunsero il 20 a Tarvisio e da lì a Camporosso, ove i Sottufficiali e la truppa furono trattenuti in contumacia per 15 giorni. Per il medesimo scopo gli Ufficiali andarono a Bagni di Lusnizza. Il 3 Aprile 1943 i superstiti vennero inviati in licenza di 30 giorni, più il viaggio, al termine della quale affluirono al 5° Reggimento Genio di Banne (TS).

XXXI° Battaglione

A metà Aprile del 1941, era finita la guerra con la Jugoslavia. Le 4 compagnie si riunirono, a Castua in Croazia, e il 18 Aprile, fu costituito il XXXI° battaglione e posto al comando del 1° Capitano Nicola Cicchese. Qui iniziarono i vari addestramenti. Nel Giugno, per far fronte alle perdite subite dal XXXII che già si era fatto onore, 60 Guastatori, al comando del Sottotenente Rota Rossi, furono inviate presso questo reparto. In Agosto il reparto fu inviato a Settimo Torinese (7° Genio) per ricevere l'equipaggiamento coloniale, vista la prossima destinazione in Africa Settentrionale. Il reparto fu messo agli ordine del Maggiore Dante Caprini, osservatore d'aeroplano. Le quattro compagnie erano comandate da:

- 1° compagnia, Ten. Zaccaria STIEVANO
- 2° compagnia, Cap. Aldo CHIOLERO
- 7° compagnia, Cap. BRANCOLINI
- 8° compagnia, Cap. Renato AMORETTI.

Il 16 settembre, il reparto partì, alla volta dell'Africa, dal porto di Taranto, a bordo della motonave "Vulcania", scortata da alcuni cacciatorpediniere. Il 18 settembre, il reparto sbarca in Africa, a Tripoli e viene inviato presso l'oasi di Zanzur, per l'acclimatamento necessario. Il 12 di Ottobre venne assegnato al XXI Corpo d'Armata comandato dal generale Enea Navarrini. Da questo giorno, fino al 12 di Novembre, i Guastatori iniziarono gli addestramenti per l'attacco alle opere fortificate di Tobruk. Queste opere erano state realizzate dal nostro Genio Militare. Il 19 Novembre, per ordine del XXI° Corpo d'Armata, la 2a e la 7a compagnia si schierarono in linea a Bu Hamed, nel Settore Est di Tobruk, con la Divisione Bologna; la 1a e l'8a sì schierarono a Bir Lefa'a, con la Divisione Brescia, lungo la pista desertica che da El Adem scende a Bir el Gobi e a Giarabub. Era la prima volta che quei reparti venivano impiegati in azioni di guerra. Il 5 Dicembre il XXXI° si schierò a Schifet di Bir Battuma, poi a Sidi Rezegh, dove Caprini, costituì un nuovo caposaldo; successivamente a Quota 147 sul Trigh Capuzzo. Il giorno 8 il XXXI° era ad Ain el Gazala, circa 60 km a Ovest di Tobruk. Il 18 Dicembre Rommel fu costretto a ordinare la ritirata generale. Il XXXI° si trovava a circa 10 km a Sud del Villaggio Giovanni Berta, in zona Bu Halfaia, sulla Gebelica Sud. Alle 18:00 dello stesso giorno dava inizio al trasferimento a Barce. Non bastando gli autocarri, per trasportare tutto il XXXI°, il comandante fece partire la 7a e l'8a con alcuni elementi delle altre trattenendosi sul posto con la forza rimanente, attendendo il ritorno dei mezzi di trasporto, per un secondo viaggio. La mattina del 19, mentre i Guastatori stavano caricandosi sugli autocarri, con i loro materiali, furono accerchiati e catturati da autoblindo inglesi. Il reparto perse, senza avere la possibilità dì combattere, 8 Ufficiali, 19 Sottufficiali e 171 militari di truppa; tra essi il comandante Caprini. Il comando veniva assunto dal Capitano Chiolero. Il XXXI°, alle dipendenze del X° Corpo d'Armata, fu assegnato alla Divisione Pavia. Il 3 Aprile 1942, accanto a un rimorchio carico di armi, munizioni e vestiario, vicino a una riservetta di munizioni sistemata in una cavità del muro prospiciente, fu acceso un fornello a benzina tipo "Primus" che si rovesciò, appiccando, il fuoco a un pneumatico del veicolo. I Guastatori si prodigarono affannosamente per spostarlo lontano dalle quattro case coloniche che si fronteggiavano in quel luogo, il Tenente Di Lorenzo ne afferrò il timone. Lo scoppio non fu evitato, diverse case furono semidistrutte, Chiolero, fuori dal suo comando, fu preso in pieno dall'onda esplosiva.

Perirono, con lui, 3 Ufficiali, 19 militari di truppa e Sottufficiali. Di Lorenzo riportò la frattura di un braccio e poté tornare in servizio un anno dopo. Il comando del Battaglione venne assunto dal Capitano Amoretti, già comandante della 8a "Leone", che fece riprendere l'addestramento. Dall'ultima decade di Maggio, il XXXI° era stato dislocato a Sud della località di Tmimi, un semplice punto del deserto, alle dipendenze del X° Corpo d'Armata. Venne successivamente assegnato al XX° Corpo d'Armata, comandato dal Generale Ettore Baldasarre, per operare con quella Grande Unità, quando Rommel, battuta l'11a Armata in Marmarica, si accingeva a sferrare un attacco risolutivo contro la piazzaforte di Tobruk. Nella notte del 19 sul 20 Giugno, attuati febbrili preparativi, i Guastatori del XXXI° compirono una marcia di avvicinamento alle basi di partenza per le loro azioni, la 7a da el Adem, l'8a da Bellafa'a. La 1° rimaneva in riserva. Compito della 7a (comandante interinale Lino Leonardi), era di aprire i varchi: I Guastatori furono accolti da violenti tiri di artiglieria e da intense raffiche di mitragliatrici pesanti; non conoscendo la zona, che non aveva potuto essere preventivamente osservata, si diressero verso destra e alle 08:00 aprirono il primo corridoio nella fascia minata tra R 55 e R 57 e alle 08:30 un secondo tra R 55 e R 53. Alle 08:45 la 7a comunicò che i passaggi erano stati aperti anche nel reticolato, ma soltanto verso le 10:30 il plotone di destra del XII° Battaglione dell'8° Bersaglieri poté presentarsi tra R 53 e R 55 per entrare nel dispositivo nemico. Il resto di quel Battaglione passò verso mezzogiorno, e nel pomeriggio anche il V battaglione, dello stesso 8° passò nel varco aperto dai Guastatori. Quello tra R 55 e R 57 non fu utilizzato.

I Guastatori avevano fatto brillare i tubi esplosivi nel campo minato profondo 25 metri, rimosso a mano mine rimaste inesplose; avevano varcato il fossato anticarro largo 7 metri, disinnescando le pericolose mine a strappo antiuomo e aperto un varco anche nel reticolato a siepe trapezoidale largo 12 metri. L'8a compagnia, giunta in linea alle 06:30, fu immediatamente investita da violenti tiri delle armi automatiche del II Battaglione Cameron Highlanders (scozzesi). Non riuscì a superare le difficoltà, nonostante l'intervento di alcuni carri M 13, che avanzarono per dare diretto appoggio. Durante l'azione, innumerevoli furono gli atti di coraggio dei Guastatori. Il più importante, che valse la seconda Medaglia d'Oro al Valor Militare alla specialità, fu quello del caporal maggiore Leccis, portatubi, ucciso da un colpo di cannone anticarro in pieno petto. Molto risalto fu dato dai giornali a questo avvenimento. L'azione dei Guastatori fu ripresa da quasi tutti i mezzi di stampa. Dopo questa operazione tutto il Battaglione fu adibito a servizi di difesa costiera. Il Maggiore Paolo Caccia Dominioni di Sillavengo, appena brevettato, raggiunse il XXXI° a Tobruk alla fine di Giugno 1942. Il 24 agosto il XXXI° si accampava a una decina di km dal fronte, nei pressi del Comando XXI° Corpo d'Armata cui era stato assegnato il giorno 18, e vi insediava il proprio Comando e la base logistica. Il 30 Agosto l'AIT sferrò l'offensiva che gli Italiani chiamarono "Battaglia di Santa Rosa", e i Tedeschi "Corsa dei Sei Giorni", in ricordo di una gara ciclistica che si svolgeva in Germania. Per un'azione voluta direttamente dal Feldmaresciallo Rommel, due compagnie del XXXI° dovranno effettuare due attacchi dimostrativi. La 1a con De Rita, doveva assaltare il caposaldo del Ruweisat, la 7a con Santini, il caposaldo Walter. La 7a, era il 30 di Agosto, partendo dall'interno di una vecchia cisterna romana, viene fatta segno da un martellante tiro di artiglieria. Il comandante di un battaglione tedesco, sostiene che questo attacco (caposaldo Walter), sarà molto sanguinoso. Alle 24:00 i tiri cessano e i plotoni della 7a possono avanzare strisciando sul terreno. Giunti al caposaldo lo trovano sguarnito. I difensori si erano allontanati aiutati dai tiri delle artiglierie. Con i lanciafiamme e cariche di esplosivo distruggono tutto, cercando di attirare l'attenzione su di loro, senza successo. La previsione "funesta" del maggiore tedesco, per fortuna, non si era avverata. Nella stessa data, la 1a, con il comandante del XXXI°, Maggiore Caccia Dominioni, alle ore 22:00 attacca il caposaldo sul Ruwesait, attraversando il campo minato. I Guastatori, insieme ai paracadutisti tedeschi di Ramke, attaccano il caposaldo catturando circa 50 prigionieri. Un plotone, al comando del Sergente Rametta, attacca da nord e insieme a fanti della Bologna, cattura diversi prigionieri Indiani e Inglesi. L'azione era perfettamente riuscita. Fu la prima azione da Guastatore, compiuta dal Maggiore Caccia Dominioni. Il 14 Ottobre 1942 il XXXI° passò alle dipendenze del X° Corpo d'Armata. Le compagnie del XXXI° erano state subito adibite, nella seconda metà di ottobre, allo stendimento di campi minati, che compivano di notte, proteggendosi con proprie pattuglie. Il giorno 24, un reparto del Battaglione fu trasferito a Nord presso il VII° Battaglione del 186° Reggimento Folgore che il giorno successivo subì un attacco, nel quale rimase ferito il Tenente De Rita, comandante la 1° compagnia. Il Sottotenente Rota Rossi, la notte del 10 Novembre, nell'attivare una V3 che presentava difficoltà nell'estrazione dello spillo di sicurezza, rimase ucciso dallo scoppio; un piede fu la parte più grande del suo corpo rimasto dilaniato. Il 31 Ottobre tutto il Battaglione era stato trasferito alla Folgore, dove già era impiegata la 7a. Ricevuto dal Comando del X° Corpo d'Armata l'ordine di ritirata, il Colonnello Riccardo Barela, Comandante del Genio, il pomeriggio del 3 Novembre convocò a rapporto presso di sé i Comandanti dei 14 Battaglioni Genio da lui dipendenti: non fu presente il Maggiore Paolo Caccia Dominioni, che dalle ore 01:00 del giorno 3 aveva già iniziato col suo Battaglione la ritirata dalle posizioni della Folgore. Abbandonato un autocarro inefficiente, il XXXI° iniziò la ritirata con altri 13, sovraccarichi di materiali e di una parte degli uomini. Raggiunta Quota 157 nel Deserto di Qattara, che si estende a Nord della omonima depressione, una parte dei materiali, eccedente la portata degli automezzi, dovette essere distrutta. Alle ore 19 di quel giorno, 3 Novembre, il Battaglione si inoltrò a Nord, lungo una pista desertica per raggiungere la Litoranea. Dopo due ore, altro materiale dovette essere scaricato, per fare posto sui restanti 12 autocarri (uno essendo diventato inefficiente) anche a un terzo dei 511 militari superstiti, i quali avevano fino allora marciato a piedi.

Braccato da un gruppo di autoblindo, il XXXI° dovette abbandonare la pista, dirigendosi a Ovest, in pieno deserto.

Il giorno 5 il Battaglione subì un primo attacco di blinde a Khor el Bayat, al quale riuscì a sfuggire, sebbene gli autocarri fossero sovraccarichi di uomini e di materiali. Alle 14:00, mentre la colonna stava scendendo un costone, da un gruppo di 14 autoblindo, in agguato in un canalone, se ne staccarono tre, gettandosi a tutta velocità per tagliare la strada. Il Comandante del Battaglione che, con una camionetta guidata dal Guastatore Rossi, stava recandosi a ispezionare la coda della colonna, invertì prontamente la marcia, inseguito da raffiche di mitragliatrici, riportandosi in testa agli 8 autocarri già passati, che si sottrassero alla cattura con la massima velocità consentita dal sovraccarico e dal terreno accidentato. Abbandonati altri materiali, e con lo scarso carburante ancora disponibile, i resti del XXXI° si diressero a Nord-Ovest, dove raggiunsero el Dab'a, sulla litoranea, alle 15.00 del giorno 6 novembre. Proseguirono la ritirata, transitarono da Marsa Matruh, Sidi el Barrani e Sollum, ne scalarono il ciglione e giunsero a Bardia. ll giorno 8 erano a Tobruk; per Ain el Gazala, Gebel el Ahd'ar, Derna, Barce, Bengasi, Agedabia, a Sirte, si contarono, erano rimasti 321 uomini. Con questa forza si schierò a difesa a Buerat. Sul fronte di el Elamein aveva perduto 99 uomini; nella ritirata ne perdette per cattura in movimento altri 266: 6 Ufficiali e circa 260 tra Sottufficiali e truppa. Il 10 Novembre erano presenti 371 uomini, dei quali 251 provenienti dalla linea.

Il 17 novembre il reparto si trovava a Sidi el Azar, presso Homs, il villaggio arabo che sorge vicino alla bellissima, ellenistica Leptis Magna. I resti del XXXI° erano giunti alla fine di gennaio 1943 alla "Linea di Mareth", dal nome di un modesto villaggio del sud-est tunisino, ampollosamente chiamata "Maginot del deserto": un apprestamento difensivo che si stendeva per 35 Km, mediocre come concezione, con casematte parzialmente smantellate per disposizioni armistiziali, molto deteriorate anche per incuria. Il XXXI° Battaglione contava un paio di centinaia di effettivi, inquadrati nella 1a, Tenente Borgognone, e nella 7a, Tenente Restagno, giunti dall'Italia alla fine di ottobre 1942; fu comandato per un certo tempo dal Capitano Di Luzio che fu avvicendato a marzo dopo 27 mesi di permanenza, e sostituito dal Capitano Santoro Secolo, giunto anch'egli a ottobre insieme con un contingente di complementi, tra i quali il Sottotenente Benetti, il Sottotenente Tronti. Il Santini, che aveva fatto parte del XXXI° fin dalla sua costituzione, e aveva comandato la 7a dopo che nel settembre 1941 era stata lasciata dal Capitano Brancolini, era in licenza in Italia. Inquadrato nella I Armata italiana, il XXXI° ripiegò con essa dal Mareth sotto la pressione dell'VIII Armata costituendo una linea difensiva, la quale dalla foce dell'Uadi Akarit si stendeva a Fedjedi e al Gebel el Halifa, nell'interno. All'alba del 31 marzo, sulla soglia del Gebel el Hadjoudi e del Gebel Dedjadj, si sviluppò un attacco, appoggiato da tiri di artiglieria, di reparti della la Divisione corazzata inglese, con un Battaglione di Ftr della 2a Divisione. Neozelandese che espugnò Quota 62. L'accampamento della la compagnia fu sottoposto a violente raffiche di armi automatiche: il Tenente Borgognone fu ferito a un braccio, che ciondolò sanguinando, il Sottotenente d'Amico rimase immerso nel sangue che sgorgava dalla sua gola. I Fanti della Pistoia, che tenevano la Quota, erano stati travolti, gruppi di essi si trovavano nelle mani degli attaccanti.

Il Sottotenente di complemento Rolando Acciaro, che aveva raccolto intorno a sé una quindicina di Guastatori del suo 3° plotone, si diresse verso il fossato anticarro, dove si trovavano una quarantina di ANZAC, insieme con un gruppo di fanti della Divisione Pistoia che avevano catturato; venne raggiunto dal Sergente maggiore Birotti. Da una posizione nella quale mise in postazione due fucili mitragliatori, aprì il fuoco contro il nemico, che rispose vivacemente. A questo punto Birotti volle rompere gli indugi, precipitandosi contro gli avversari, distanti una quarantina di metri, venendo immediatamente colpito da numerose pallottole a una spalla, e cadendo riverso al suolo. Con l'aiuto del Guastatore Mundu, Acciaro si gettò a sua volta all'attacco, e si accorse d'essere rimasto solo; ben presto fu raggiunto dalla pattuglia guidata da Birotti, riavutosi sanguinante. Piombarono tutti di corsa sul nemico, ingaggiando, con bombe a mano, mitra, pistole, pugnali, un combattimento che si concluse con la cattura di numerosi prigionieri, mentre altri si erano dati alla fuga, lasciando liberi i prigionieri italiani. Acciaro, Birotti e i loro uomini procedettero cautamente nella direzione in cui ritenevano si trovassero altre forze nemiche, imbattendosi in numerosi britannici, che custodivano un folto gruppo di prigionieri: li attaccarono, mettendoli in fuga con lancio di bombe a mano, mentre gli italiani si gettavano a terra per non essere colpiti; liberati, si affrettarono a raggiungere i loro reparti. I Guastatori proseguirono la loro cauta marcia, piombando su una batteria britannica, i cui serventi, una quindicina, si arresero immediatamente; il bottino fu di 6 pezzi da 88 mm e di una dozzina di camionette, cariche di rifornimenti. Per questa azione Acciaro, fu decorato di Medaglia d'Argento al Valor Militare.

Il 7 aprile la Pistoia ordinò che la 7a del Tenente Restagno conquistasse una Quota del fronte dell'Akarit, presidiata da truppe e ubicata su un impervio massiccio dal quale un osservatorio dominava una vasta spianata. Veniva promesso appoggio d'artiglieria e di aviazione; com'era nelle consolidate tradizioni, non ce ne fu nessuno. Il Tenente Restagno mosse con il 2° plotone del Sottotenente Ricciulli, e con il 3° plotone del Sototenente Benetti. Il 1° plotone, Sottotenente Troiani, attaccò da sinistra, il 4° plotone, Sottotenente Tronti, investì frontalmente la Quota. Accolti da raffiche di mitragliatrice, Tronti e il suo attendente (in azione gli attendenti facevano coppia con l'Ufficiale) si precipitarono di corsa per un centinaio di metri verso il massiccio, ma l'ufficiale dovette gridare al suo plotone di rimanere sulla posizione di attacco, e vi ripiegò con il suo compagno, per evitare di essere catturati da una pattuglia uscita dalla quota. Nel colmo della notte, il Tenente Restagno ordinò il ripiegamento della 7a compagnia, che fu tallonata da tiri di artiglieria: dietro di essa si era fatto il vuoto, essendo cominciata la ritirata su Enfidaville dove si riunirono i resti del XXXI°, sotto attacchi aerei che causarono perdite. I

Sottotenenti Ricciulli, Troiani e Benetti, erano caduti prigionieri. Alcuni nuclei del XXXI° si batterono valorosamente a Enfidaville, andando all'attacco della fanteria d'assalto neozelandese, appoggiata da carri, coi M.A.B. e le bombe a mano, tra di essi i Sergenti Lombardi ed Epis, i caporal maggiori Prevedello e De Bortoli, veterani del XXXII°. I Guastatori stesero campi minati davanti a Takrouna, sino alla resa generale.

XXXII° Battaglione

Dal 2° Corso furono costituite la 3a compagnia Folgore, motto "Usque ad finem", Comandante Tenente Francesco Tuci, e la 4a compagnia Uragano, motto "Per vincere", Comandante Tenente Umberto Torregrossa, che furono mobilitate il 12 dicembre dello stesso anno.

Partite da Napoli il 12 gennaio 1941, giunsero a Tripoli il successivo giorno 14; furono unite, il 25 febbraio nel "Battaglione Guastatori" denominato 1° Raggruppamento Speciale Genio, che più tardi ricevette il numero XXXII°, e poste agli ordini operativi del Capitano Giuseppe Cappuccio. Il XXXII° fu il primo Battaglione Guastatori a operare come battaglione. Nel mese di maggio 1941 i suoi Guastatori attaccarono la cerchia fortificata di Tobruk. Irruppero nel dispositivo nemico, assaltarono le fortificazioni permanenti con lanciafiamme, cariche cubiche e bombe a mano; espugnarono 5 ridotte difese dai combattivi Australiani. Le eccezionali dimostrazioni di valore di quegli Arditi, provocarono immediati riconoscimenti da Altissime Autorità Militari, che si affrettarono a visitare il XXXII°, espressero la loro ammirazione, conferirono di loro iniziativa 49 ricompense al Valor Militare "sul campo".

Appena giunte in Libia, la 3a e la 4a furono messe a disposizione del Generale di Divisione Luigi Grosso e incluse nella forza del 10° Raggruppamento Speciale Genio, comandato dal Tenente Colonnello Sergio Rogari. La forza del reparto era di 15 ufficiali, 28 sottufficiali, 276 Guastatori e 73 Genieri, non brevettati per i servizi. Nella fase difensiva, succeduta alla disfatta della X Armata, il reparto fu dapprima adibito allo scavo di un fossato anticarro nelle località di Bir Tobraz e Bir Matruh, in Tripolitania. Si trasferì successivamente a Cheffet el Ghenal, nella zona di Tagiura, sempre in Tripolitania, dove i plotoni furono sottoposti a intenso addestramento di specialità, per conservare intatta la rigorosa preparazione. Il 12 aprile il XXXII° venne inviato sul fronte della Piazzaforte di Tobruk, dove Rommel stava raccogliendo le forze per sferrare l'attacco. Il 21 il reparto giunse ad Acroma, nel settore Sud-Ovest del fronte, e vi si schierò in difensiva su una linea di 4-5 Km. Il 24 il 1° plotone della 3a fu trasferito presso la Divisione "Trento" e, con la 1a compagnia. del 61° Reggimento, partecipò a un attacco di fortini. Nell'azione un guastatore rimase ferito.

Nella notte del 30 aprile i Guastatori serrarono sotto i fossati anticarro, bersagliati da violenti tiri di artiglieria, fecero brillare i loro tubi esplosivi nel campo minato cinto da reticolati, completarono l'apertura dei varchi con le pinze tagliafili e rimossero a mano le mine inesplose: il Sottotenente Vespa disattivò egli stesso mine controcarro rimaste intatte dopo l'esplosione dei tubi. I Guastatori attesero invano sul posto l'arrivo dei fanti della Brescia, i quali, "avendo perduto l'orientamento", erano finiti più a Sud, in direzione dell'S5, a qualche km di distanza. Il Sergente Armando Picone, raggiunto il reticolato che cingeva il campo minato, apertovi un varco, ne restò a difesa con cinque Guastatori, impegnando combattimento con pattuglie di Australiani, che mise in fuga con lancio di bombe a mano e tiri di armi individuali. Il 3 maggio la 4a compì un'altra azione insieme con un Gruppo di combattimento della Brescia. Il Tenente Anzani attraversò audacemente con il suo plotone un terreno violentemente battuto dall'Artiglieria, raggiunse una fascia di reticolati fortemente minata e, nonostante la vivace reazione di mitragliatrici, riuscì ad aprirvi dei varchi, dei quali restò a strenua difesa per sette ore, sino al sopraggiungere delle fanterie. In quei tre giorni di Maggio la 4a compagnia aveva avuto 3 morti, 9 feriti e tre dispersi. Il giorno 6 la 4a passò alle dipendenze della Divisione Ariete, per unirsi alla 3a compagnia. L'8, due suoi plotoni vennero nuovamente distaccati alla Brescia, che li aveva richiesti per formare un nuovo Gruppo di combattimento, destinato a un rinnovato tentativo di sfondare la cerchia fortificata di Tobruk.

Il 29 aprile la 3a compagnia era con l'Ariete.

La sera del 29 il 1° plotone della 3a, agli ordini del Sototenente Ernesto Betti, andò in azione con un gruppo comandato dal Tenente dei Bersaglieri Melis. Questo reparto era costituito di un plotone Arditi dell'8° Bersaglieri e di 2 carri M13. I Guastatori aprirono un varco nel campo minato protetto da filo spinato, antistante la Ridotta R3, l'assaltarono e la conquistarono utilizzando lanciafiamme e cariche cubiche. Guastatori e Bersaglieri vi rimasero a difesa per tutta la giornata del 30, sotto un sole rovente, senza collegamenti né rifornimenti. Il Comandante dell'8° Bersaglieri (Divisione Ariete), Colonnello Montemurro, aveva frattanto organizzato un Gruppo di combattimento agli ordini del Maggiore Gagetti. Questo Gruppo era costituito dal 5° battaglione dell'8° Bersaglieri, due compagnie del Battaglione carri leggeri L3 (alcuni dei quali dotati di lanciafiamme), 3 carri medi M13, l'11° Gruppo del 132° Artiglieria, 3 sezioni di mitragliere da 20 mm contraeree e due plotoni di Guastatori, uno comandato dal Sottotenente Madonini, e uno dal sottotenente De Angelis, comandati dallo stesso Tenente Tuci. La notte del 30 i due plotoni, si avvicinarono alle posizioni tenute dai reparti Australiani. Di fronte si levava la Quota 209 denominata Ras el Medauar. All'alba i Guastatori disattivarono le mine a strappo, varcarono il fossato anticarro, fecero brillare tubi esplosivi, distrussero reticolati e mine, completarono l'apertura dei varchi con pinze e a mano. Sotto il fuoco di artiglieria e mitragliatrici, irruppero nel dispositivo nemico, assaltarono gli Australiani con i lanciafiamme, lanciarono cariche cubiche e bombe a mano. Alcuni nemici si arresero, altri si dettero alla fuga, lasciando sul campo morti e feriti. I Guastatori avevano, finalmente, sperimentato, in guerra, la loro azione, tante volte provata in esercitazione. Un commento al Bollettino di Guerra, trasmesso alle 13:00 del 10 maggio, informava che reparti del Genio Guastatori avevano espugnato 5 fortini della cerchia di Tobruk. L'R3 era stato conquistato la notte precedente. Nella giornata del 10 Maggio i Guastatori si rafforzarono sul terreno, scavando buche con le baionette e con le mani nude; si ripararono nei ricoveri dei fortini, sotto infernali tiri d'artiglieria. Alle 17:00 si scatenò sulle fortificazioni di Tobruk un violento bombardamento in picchiata di Stuka. Nel fortino R5, i plotoni 3° e 4° respinsero decisamente ripetuti contrattacchi Australiani, sferrati per tentare di riprendere la posizione, senza riuscirvi e subendo gravi perdite. Il Sottotenente De Angelis, fu l'anima di quella resistenza. Venute a mancare le munizioni, fuori uso diversi lanciafiamme, sprovvisti di liquido infiammabile quelli ancora efficienti, egli fece febbrilmente avvolgere intorno a cartucce di gelatina nastri di mitragliatrice inglese trovati nel fortino. Scagliate alle brevi distanze contro gli assalitori, quelle cariche improvvisate contribuirono a respingerli. La strenua resistenza di quell'avamposto, isolato dai rifornimenti, consentì di tenere l'R5 sino all'arrivo d'un reparto di Bersaglieri, e permise la riconquista dell'R7 il giorno successivo.

Nel giro di pochi giorni fu decorato di due medaglie d'argento al Valor Militare "sul campo". Perduto dai

Bersaglieri, che lo presidiavano, il fortino R7, dal quale gli Australiani effettuavano tiri di disturbo, il pomeriggio del 3 il Tenente Tuci riunì i Guastatori muniti anche di candelotti fumogeni insieme ad alcuni Bersaglieri, volontari, e li guidò all'assalto dell'R7 espugnandolo.

La notte del 3 sul 4 maggio, alle ore 23:00, truppe d'assalto Australiane, attaccarono l'R7, presidiato da Bersaglieri e dal 1° e 2° plotone della 3a, comandati personalmente dal Tenente Tuci; un presidio di circa 300 uomini, che era già stato sottoposto a incessanti tentativi di riconquista. Accerchiati i difensori, gli Australiani li soverchiarono e, concentrati in uno spiazzo illuminato da un carro munizioni d'Artiglieria in fiamme, li sterminarono con tiri di mitragliatrici pesanti trovate sul posto, infierendo sui feriti a baionettate. All'R5 arrivarono più tardi i superstiti dell'eccidio, grondanti di sangue, per maggior parte feriti e salvatisi perché rimasti coperti sotto i cadaveri dei compagni uccisi. Nell'azione il Tenente Tuci, ferito da pallottola, era stato finito a baionettate.

La 3a Folgore rimase a presidio degli R3-5-6 sino al giorno 9, subendo altre perdite, sino a quando venne sostituita dai Bersaglieri. Il 10 Maggio venne ritirata dalla linea e inviata a riposo alla base della Divisione "Ariete". L'11 Maggio il XXXII ricevette l'improvvisa visita del Generale Rommel, il quale dichiarò di essere "fiero di avere al suo fianco Soldati così valorosi", e assegnò sul campo 3 Croci di ferro di II classe.

Nel Giugno il reparto fu posto in retrovia, dove continuò l'addestramento anche con i Guastatori tedeschi del Pi900. Dal 1° di Settembre il comando passa al Maggiore Enea Franceschini, reduce della prima guerra, dove aveva operato in una compagnia lanciafiamme e veterano d'Africa. Il reparto, era il 10 di Settembre, fu costituito in "riserva d'armata" e posto alle dipendenze del Pi900, il famoso reparto di Guastatori tedesco. Al comando del Pi900 c'era il maggiore Betz. I due reparti avrebbero dovuto espugnare Q.146, operazione "Werner", tenuta da reparti di artiglieria inglese con plotoni di Australiani. La notte tra il 14 e 15 il reparto tedesco penetrò profondamente nel campo minato ma fu scoperto e fatto segno di una forte resistenza nemica. Essendo venuto a mancare l'effetto sorpresa i Sturpioneer tedeschi subirono gravissime perdite. Riuscirono a conquistare la posizione ma non riuscivano a tenerla, causa i contrattacchi degli Australiani. A questo punto il Maggiore Franceschini, di sua iniziativa, mandò la 3a ad attaccare sul fianco gli Australiani mentre la 4a si oppose frontalmente ai nemici. Così le due compagnie conquistarono la quota. I tedeschi, fortemente provati, ebbero oltre 100 caduti, si ritirarono lasciando i soli Guastatori a presidiare la quota. Il Maggiore Betz, informò il comando del comportamento dei Guastatori. Qualche giorno più tardi arrivò Rommel, per visitare il reparto, si fece dare 4 nomi e li premiò con la Coce di ferro di II classe.

Gli insigniti erano:

- Tenente Maro Pazzaglia
- Tenente Aroldo Anzani
- Sotto Tenente Rolando De Angelis
- Sergente Mario Venturi.

Il 9 di ottobre, il reparto passò alle dipendenze del Comando Superiore Genio A.S. Per tutto il mese i guastatori fecero addestramento, soprattutto anti-carro, utilizzando la PAC (Pazzaglia Anti Carro). Il 18 Dicembre il reparto fu inviato a Sirte, per mettersi al Comando Superiore Genio. Il 2 Febbraio viene inviato a Bengasi, da poco liberata. Nel frattempo i

Guastatori avevano ricevuto un'altra arma contro carri: il fucilone Solothurn, da 20 mm. Non era certo una gran arma, ma meglio di niente. Nel primo periodo del 1942, il reparto operò, oltre che a Bengasi, ad El Mechili, facendo alcune incursioni, utilizzando camionette di preda bellica, sminò, oltre 9.000 mine e stese molti campi minati, per un totale di oltre 11.000 mine di vario genere. Il lavoro di sminamento e di attivazione delle mine era oltremodo rischioso. Molti furono gli incidenti con morti e feriti.

Alla fine di Marzo, si trasferì a Cirene, sul Gebel Cirenaico a 621 metri s.l.m. A metà Aprile, il XXXII° lasciò Cirene per recarsi a El Agheila. Alla metà di maggio, poco prima dell'inizio delle operazioni, che dovevano condurre alla riconquista della Marmarica e di Tobruk, il XXXII°, ormai completamente motorizzato e riordinato anche se ridotto a solo 12 Ufficiali, 25 Sottufficiali e 226 Guastatori, si sposta a Tumini, a disposizione del XXI° Corpo d'Armata. Iniziata l'offensiva, i guastatori vi partecipano attivamente, eseguendo ricognizioni e realizzando passaggi attraverso i numerosi e profondi campi minati. L'11 Giugno, caduto il forte di Bir Hacheim, tenuto dai francesi (Francia Libera) ,il battaglione, battendo la strada alla Divisione «Sabratha», giunge ad Acroma dove, il 18 giugno il 1° plotone della 3° compagnia attacca con successo la quota 179. La sera del giorno successivo tutta la compagnia si trova già entro la cerchia di Tobruk rintuzzando i continui attacchi condotti da mezzi corazzati inglesi, pronta a partecipare all'investimento della piazzaforte. Capitolata Tobruk il 21 giugno 1942 le forze italo-tedesche puntano decisamente verso Alessandria d'Egitto, sgominando le difese del campo trincerato di Marsa Matruh, 29 giugno, azione alla quale prende parte attiva la 4°, giungendo, il 1° luglio ad El Alamein. Il reparto, giunto fra le prime unità, benché ridotto solo a 120 uomini è inviato a Bir el Maqbua a guarnire un fronte di un chilometro e mezzo. Il 3 luglio partecipa all'attacco, rimasto infruttuoso per il massiccio intervento dell'aviazione inglese, contro le posizioni di El Alamein; successivamente riprende a presidiare il tratto di fronte assegnatogli. Compito estremamente delicato in quanto trattasi del punto di saldatura fra i settori tenuti rispettivamente dalle Divisioni «Trento» e «Trieste». Lanciando un attacco improvviso, il 13 luglio gli inglesi annientano la Divisione «Sabratha»; nei giorni successivi mezzi corazzati attaccano reiteratamente il settore del XXXII°, ma vengono sempre respinti dalla resistenza dei guastatori. Durante uno di questi combattimenti, sempre appoggiati dall'aviazione, l'esplosione di un bombardiere inglese precipitato con l'intero carico di bombe poco distante dal posto Comando del Battaglione provoca un grave trauma cranico al Maggiore Franceschini che viene sostituito interinalmente dal Capitano Di Luzio.

Il 17 luglio 1942 una azione molto più consistente delle precedenti condotta di sorpresa da truppe d'assalto australiane appoggiate da formazioni di carri Sherman, spazza via una compagnia del 7° bersaglieri, quindi si rivolge contro il XXXII° guastatori. Il battaglione oppone una accanita resistenza contendendo il territorio al nemico, superiore per numero ed armamento, a palmo a palmo, dando modo alle unità di riserva del Corpo d'Armata di intervenire per frustrare il tentativo di sfondamento. Ancora una volta il nemico è stato fermato, ma il prezzo pagato dai guastatori è stato altissimo; il rapporto del Capitano Di Luzio sui fatti della giornata così conclude: «A sera sono rientrati i sedici superstiti, tutti con le loro armi ».

In questa azione perde la vita Rolando de Angelis. Qualche giorno dopo, il cappellano, Don L. Matrone, recupera la salma, la ricompone e ne da una prima sepoltura. Il 1° agosto

1942, il XXXII° battaglione Guastatori del Genio è ufficialmente sciolto e i pochi che non avevano partecipato all'azione, oltre ai 16 ritornati, transiteranno nel XXXI°.

XXXI° Battaglione del Genio Alpino

Questo battaglione venne istituito presso il 5° Reggimento Genio, di stanza a Banne (TS), dove, come abbiamo già detto, si addestravano i nuovi Guastatori.

Il nucleo iniziale era formato dalle ricostituite compagnie, distrutte in Africa Settentrionale: la 3° "Folgore" e la 4° "Uragano". Insieme a questi c'erano anche i Guastatori della 30° bis. Il battaglione veniva completato con nuovi guastatori brevettati proprio presso il 5° reggimento. Era composto da ben 54 ufficiali, la maggior parte veterani dell'Africa e del Fronte Orientale, 99 sottufficiali con la stessa esperienza e 1.000 guastatori. Il nuovo organico, quello del 1° di gennaio 1943, prevedeva:

- 4 Compagnie Guastatori, armate con 16 fucili mitragliatori Breda 35, 16 mortai Brixia (45 mm) e 16 lanciafiamme, normalmente il mod. 41;
- 1 Compagnia Armi d'accompagnamento, con 4 cannoncini controcarro 47/32 e mortai da 81 mm.

Per la prima volta un reparto guastatori aveva ottenuto armi anticarro! Armi che sarebbero state utilissime in A.S.. Certo il cannoncino 47/32, soprannominato "l'elefantino", non era il massimo. Sempre meglio che niente. Il reparto ebbe vita brevissima e non fu mai impiegato. Costituito il 1° di Agosto, del 1943, fu sciolto, causa eventi bellici, l'8 Settembre. Gli ufficiali, dopo un "tumultuoso" consiglio di guerra, furono sciolti, dal Capitano Pietro Santini, comandante interinale, essendo il capitano più anziano nel grado, dal "Giuramento alla Bandiera, ed ognuno prese la sua strada. Il giorno dello

scioglimento, il comandante del XXXI°, Paolo Caccia Dominioni, si era assentato dal comando, per raggiungere Roma. Voleva intercedere personalmente, con il Ministero, per avere dotazioni per il personale da lui comandato.
Fu catturato dai tedeschi. Da quella avventura scaturì il volume "Alpino alla macchia".

30a Compagnia del Genio Alpino

Fu costituita alla fine del Gennaio 1943 con i Guastatori brevettati a Banne presso la compagnia di addestramento. Oltre ai nuovi brevettati c'erano reduci dei vari reparti distrutti. Operò essenzialmente contro unità partigiane Slave che attaccavano di sorpresa le truppe italiane. Il 3 di Aprile iniziò un rastrellamento sul monte Sabotino, in coordinamento con unità alpine.
Si scontrò con una formazione annidata in una caverna. Riuscì a catturare 8 partigiani.
Il giorno successivo catturò un capo partigiano, il Luis Markovic, consegnato alla polizia di Oslavia, subì un regolare processo con conseguente condanna a morte.

30a bis Compagnia del Genio Alpino

Fu costituita a Banne, presso il 5° Genio.

Era composta da quindici ufficiali e circa centottanta tra Guastatori e Genieri. Risultava inquadrata in 4 plotoni Guastatori e un comando, molto simile a quanto voluto con la nuova organizzazione. A comando della compagnia fu posto il Capitano Vincenzo Masari, già del XXX°, che si trovava in Italia, al momento della distruzione del reparto.

La compagnia era composta dai reduci dei tre battaglioni più diversi nuovi brevettati.

Anche questa compagnia, acquartierata a Volzana, nell'alto Isonzo, agì contro formazioni di partigiani slavi. Il Massari, che durante la campagna del fronte orientale aveva appreso le tecniche della lotta anti-partigiana, usciva la sera senza una precisa meta. Cambiava direzione più volte e piombava dove meno era atteso. Il 1° di Maggio, i Guastatori distrussero un posto di osservazione sul Monte Jessa.

Il 10 di giugno, un gruppo di combattimento, guidato dal Sottotenente Veronese (già ufficiale del XXXI° in Africa Settentrionale), si scontrò con dei partigiani, ingaggiando una fitta sparatoria. Durante l'azione, i Guastatori, fecero uso anche del lanciafiamme mod. 41.

Il capo della banda partigiana, intimò la resa.

Un sottufficiale del gruppo, anch'egli reduce d'Africa, con il XXXII°, il Sergente Venturi, rispose con una raffica del M.A.B. 38 che uccise il partigiano.

Con un sapiente lancio di bombe a mano, furono messi in fuga i componenti della banda che lasciarono sul campo due caduti, oltre al comandante. I partigiani furono sepolti nel cimitero di Volzana.

Alla fine di Giugno, presso Q.2230 del monte Nero, dopo sei ore di marcia, le avanguardie della compagnia furono accolte da un nutrito fuoco di armi automatiche.

Senza perdersi d'animo, due plotoni, quello comandato dal Sottotenente Veronese e quello di Bartoli, assaltarono i partigiani, mettendoli in fuga.

Alla fine di luglio, la compagnia viene sciolta e gli effettivi passarono al rinato XXXI°, costituendo la 1° compagnia del nuovo reparto, ora con "la penna".

10a Compagnia "Santa Barbara"

Questa compagnia fu costituita il 1° di Giugno del 1942. i Guastatori si erano brevettati presso il 5° Genio, visto che, ormai, Campo dell'Oro, era passato alla Fanteria. Era comandata dal Capitano Guido Garzano, i suoi subalterni erano il Tenente Caglià e i Sottotenenti Pasella, Crescini, e Gusberti. Questo reparto doveva essere addestrato per eventuali sbarchi. A questo scopo fu inviato all'Isola d'Elba presso il reggimento Granatieri, comandato dal colonnello Spinelli dove fu addestrata proprio per questo scopo. Successivamente venne spostata a Piombino, quindi, a Livorno, in attesa di essere impiegata per l'occupazione della Corsica.

L'azione fu annullata e i guastatori furono impiegati per lavori da zappatore, come stendere reticolati e altri ostacoli passivi. Anche qui, l'8 Settembre, pose fine al reparto, ognuno seguì la propria volontà. Quantunque non sia mai entrata in azione, ebbe un morto, diversi feriti e mutilati. Prezzo da pagare per chi faceva addestramento con armi vere, al fine di essere pronto per l'impiego.

11a Compagnia per la VI Armata

Per poter colmare i vuoti, dovuti alle perdite, presso il 5°
Genio continuavano i corsi per il brevetto da Guastatore.
L'unico battaglione, nel 1943, rimasto "in vita" era il XXXI
in Tunisia. Per questo motivo un grosso contingente di
brevettati (181) nel 4° corso a Banne, fu inviato in Sicilia per
raggiungere l'Africa.
Era l'aprile del 1943, ormai la campagna in Africa
Settentrionale era praticamente terminata, così i guastatori
furono riuniti in una compagnia, denominata 11° e posta agli
ordini della VI Armata (Generale Guzzoni). Comandante
della compagnia era il Capitano Longoni, con 5 altri ufficiali,
tra gli altri la futura medaglia d'oro al Valor militare De
Sanctis e il Tenente Farragiana. Da Banne fu inviato, su
ordine del colonnello del Genio Ferrari, titolare del 5°
reggimento, il Tenente di complemento Leone, al fine di
ristrutturare, in qualche modo, la compagnia secondo il
nuovo ordinamento. La situazione non era semplice.
Oltre a non aver personale sufficiente, mancavano totalmente
alcune indispensabili armi: lanciafiamme, moschetti
automatici (M.A.B.), nessuna arma di accompagnamento
(mitragliatrici, mortai).
Sulla base del rapporto il colonnello Ferrari si dette da fare e,
in vario modo, riuscì a recuperare molte armi.
Nel frattempo gli alleati erano sbarcati in Sicilia (operazione
Husky 9-10 luglio), in poco tempo fu completamente invasa.
L'11a compagnia, nei pressi di Enna, subì un violento
bombardamento notturno.

Anche questo reparto, prima degli altri, causa eventi bellici fu, di fatto, sciolto. Alcuni guastatori, tra cui il De Sanctis e Poli, con molte difficoltà, raggiunsero il 5° Reggimento a Banne.

Reparto Guastatori per il Reggimento San Marco

A seguito di una circolare, nella seconda metà del 1941, dove si richiedeva "gente pronta a tutto", per particolari azioni, giunsero circa 600 volontari, tra cui 50 ufficiali.

Di questi solo pochissimi, il numero non è certo, riuscirono a brevettarsi. Su questo reparto, benché siano state fatte molte ricerche, si sa abbastanza poco.

L'addestramento, per il conseguimento del brevetto, fu svolto presso Torri del Bènaco, sul Garda, presso la 9° Compagnia Alpini. Il comandante del reparto, Morelli, fece fare a tutti un addestramento "alpino".

L'azione più famosa, fu condotta dal Capitano del Genio Ferdinando Berardini, nell'aprile del 1942.

Il Berardini si era brevettato presso Campo dell'Oro, a Civitavecchia ed era rimasto come ufficiale addestratore. Successivamente passò a questo reparto.

Il 3 Aprile 1942 fu effettuata una azione di sabotaggio a tergo delle linee britanniche, con una squadra di nuotatori-sabotatori. L'azione era condotta da due nuclei, imbarcate su due M.A.S., che avrebbero dovuto sbarcare dietro le linee nemiche; un nucleo comandato dal Capitano Berardini, l'altro dal sottotenente Gabrielli. Il primo giorno, causa il maltempo, l'operazione fu interrotta. La seconda volta la sola imbarcazione con Berardini, nonostante il maltempo, riuscì a far sbarcare il nucleo di Guastatori. L'altra imbarcazione, comandante di Marina, Bacci, con il nucleo di Gabrielli, non volle proseguire nell'azione. I piani dell'azione erano in mano a Berardini, era previsto, per ragioni di segretezza, il silenzio radio per cui, nonostante le veementi proteste del

Gabrielli, l'azione fu interrotta. Si profilava, al chiarore della luna, una corvetta inglese, l'ufficiale dei Guastatori propose di "andare all'arrembaggio" o, quanto meno, di silurarla. Il comandante Bacci si oppose ad entrambe le azioni.

Comandati dal Berardini, sbarcati da una motosilurante sulla spiaggia 70 km a est di El Alamein, in territorio nemico, la squadra, composta da 13 Guastatori, attaccò una tradotta di armi, munizioni, esplosivi e altri rifornimenti, distruggendone alcuni vagoni, interruppe tubazioni dell'acquedotto che riforniva di acqua del Nilo le truppe di El Alamein e distrusse tratti di binari della ferrovia. Il Berardini con i suoi incursori discese nel deserto, dove avrebbe dovuto congiungersi con le forze di Rommel entrate nel dispositivo difensivo: individuati dalla ricognizione aerea, furono catturati: i tedeschi, frattanto, erano stati costretti a ritirarsi.

Poiché non erano in uniforme, indossavano soltanto un perizoma, per indurli a parlare, furono minacciati di fucilazione, senza successo. Gli Inglesi si accontentarono dei documenti militari che essi possedevano, contenuti in una tasca impermeabile, che li definivano belligeranti. Mandato in successivi campi di concentramento, Berardini tentò 5 volte la fuga, la prima scavando una galleria. Scoperto fu inviato a Massaua per essere imbarcato su un convoglio che lo avrebbe portato in India. Sebbene ricoverato in infermeria per forte febbre, il 15 Novembre 1944 si gettò a nuoto nella baia infestata da pescicani.

Salito a bordo d'una nave italiana, catturata, rifugiato tra i fuochisti, si era tinto il viso di carbone, fu scoperto e arrestato. Riuscì a evadere solo alla fine del 1944, sostituendo un malato di tbc che sarebbe stato rimpatriato, nell'ambito dello scambio di prigionieri non atti a combattere. Il malato temendo il siluramento nel viaggio dal Mar Rosso, lasciò volentieri il posto al Berardini.

870° Nucleo Guastatori "FRIULI"

Alla fine del 1943 si stava costituendo a Manduria (LE) una Divisione italiana per unirla alle forze alleate.

Vi affluirono anche, fin dalla metà di quell'anno i Guastatori brevettati, i quali furono uniti in un "Nucleo Speciale Genio", posto agli ordini del Tenente Giorgio De Sanctis, classe 1921, che aveva frequentato il IV corso di addestramento, svoltosi a Banne (TS) presso il 5° Reggimento Genio, e aveva poi fatto parte dell'11a compagnia dislocata in Sicilia, dove si trovava in transito per l'Africa Settentrionale. De Sanctis si era segnalato, sin da quando si trovava al Corso, per dedizione e forte spirito militare. Rientrato a Banne il 1° settembre, dopo l'invasione alleata della Sicilia, aveva partecipato ad alcune azioni contro partigiani slavi. Con la collaborazione del Tenente Poli, De Sanctis organizzò l'870° Nucleo, che contava circa 50 uomini. Ne curò l'addestramento, con pattugliamenti, ricognizioni, attacchi a opere fortificate, sabotaggi, rimozioni di mine e di trappole esplosive, disattivazione di cariche predisposte alla distruzione di ponti, strade, edifici. I due Ufficiali chiesero che il reparto, così preparato, fosse inviato in zona di operazioni. Il Nucleo fu assegnato, nei pressi del Lago di Fusaro, alla V^a Armata Americana, che lo inserì nelle Assault Forces (reparti d'assalto) del suo Intelligence Service (servizio informazioni militari), della quale esso fece parte dal 22 gennaio al 4 giugno 1944; si era unito il Sottotenente Cangiano. Con reparti d'assalto americani e britannici, il Nucleo compì pattuglie esploranti e offensive, rimozione di mine e trappole, rastrellamenti.

Dopo che fu superata la resistenza tedesca sul fronte di Cassino nel Luglio 1944, l'870° si trovava in zona di Bolsena, dove rimosse sbarramenti minati e disattivò mine con le quali erano insidiati alcuni edifici.

Il Nucleo entrò a Roma con i carristi americani, e, fornito di camionette, autocarri, e motocicli, bonificò zone minate localizzate dal Tenente De Sanctis su carte topografiche e in base a informazioni raccolte dall'intelligence. Il 6 Agosto 1944, a Firenze, in Viale Michelangelo, De Sanctis rimosse delle mine sotto fuoco di mitragliatrici; il giorno successivo disattivò 17 mine dal Ponte Vecchio, e stese una linea telefonica. Nel marzo 1945 l'870° era a Riolo Terme: il fronte si era stabilizzato sul fiume Senio, in prossimità della "Linea Gotica", con la quale Kesserling aveva imposto una lunga battuta d'arresto all'avanzata delle due Annate alleate. I Guastatori del Nucleo furono assegnati al Gruppo di Combattimento "Friuli", suddivisi in 4 sezioni. L'11 aprile mentre il Ten. De Sanctis stava disattivando mine sotto intenso fuoco, un colpo di mortaio gli maciullò il braccio destro.

Nonostante il dolore egli raccolse Guastatori rimasti feriti, li caricò sulla camionetta, e guidando con la sinistra li trasportò personalmente al più vicino posto di medicazione, disponendo che fossero curati prima di lui. L'870° Nucleo Guastatori ebbe 3 morti, e 28 feriti, dei quali 9 rimasero mutilati. Al reparto fu tributato un Encomio solenne. Al Tenente Giorgio De Sanctis furono decretate una Medaglia d'Argento al Valor Militare, una croce di guerra polacca al Valor Militare e la Medaglia d'Oro al Valor Militare. In totale, su circa 50 guastatori, furono concesse 27 decorazioni al valore, che rappresentano oltre il 50%. Percentuale elevatissima, forse unica, nella storia delle nostre Forze Armate.

Il Battaglione "Valanga"

Il giorno 21 Settembre, il Colonnello Mario Ferrari, l'organizzatore della Scuola Guastatori Alpini di Banne, che l'8 Settembre comandava il 3° Reggimento Genio a Pavia, lanciò un appello ai guastatori affinché riprendessero le armi per proseguire la guerra contro gli Anglo-Americani. L'appello fu immediatamente raccolto. Raggiunta una forza di circa 200 uomini, si pensò di costituire un battaglione il cui comando fu proposto prima al maggiore Paolo Caccia Dominioni che rifiutò l'offerta. Per cui si pensò al capitano Manlio Maria Morelli. Questi, dopo essersi incontrato a Milano con lo stesso Caccia Dominioni, decise, invece, di accettare il comando. Anche lui era fortemente combattuto, sul Fronte Orientale la cooperazione con l'alleato Germanico non era stata certo ottima e aveva lasciato molti strascichi. Ma, pur di non lasciare i suoi Guastatori in mano dei tedeschi, accettò l'incarico.

Il capitano Morelli fece del battaglione un'unità di combattimento di pronto impiego, estremamente flessibile e autosufficiente. Alle due compagnie guastatori se ne aggiunse una terza "armi di accompagnamento", equipaggiata con mitragliatrici pesanti Breda 38, mortai da 81 e cannoni 47/32. Continuavano intanto ad affluire nuovi volontari e non soltanto dalle zone circostanti Pavia. Nel novembre giunse alla Caserma Umberto un gruppo di giovani sottotenenti effettivi che, in servizio di prima nomina, si erano brevettati alla fine di agosto presso la scuola di guastatori di Fanteria di Gubbio (trasferitasi da Civitavecchia). Ma, mentre proseguiva l'addestramento in varie località sulle rive del Ticino, giunse notizia che i vari reparti costituitisi spontaneamente in Italia dopo l'armistizio, unitamente ai giovani delle classi di leva 1924 e 1925, erano destinati a formare alcune divisioni da addestrare in Germania prima di essere impiegate sul fronte italiano. Il capitano Morelli, non certo contento, come i suoi guastatori, di questa possibilità, chiese al Colonnello Ferrari, l'autorizzazione a far arruolare l'intero battaglione nella Xa Flottiglia Mas, comandata da Junio Valerio Borghese. Avuto il benestare dal colonnello, Morelli ottenne un colloquio con il comandante Borghese per proporgli l'arruolamento dell'intero Battaglione Valanga. Borghese, dopo essersi documentato su uomini e reparti, accettò ben volentieri la richiesta e il Valanga entrò così a far parte della Xa Mas già il 20 Marzo 1944. A fine mese, l'intero battaglione si trasferì da Pavia a La Spezia, dove però rimase solo pochi giorni. La prima destinazione del Valanga fu Jesolo. Qui il Valanga si sistemò nella ex-Colonia DUX, proprio in riva al mare continuando gli sforzi per completare il proprio equipaggiamento di materiali e armi, sia individuali sia di reparto.

Arrivarono i mortai da 81 mm e i cannoni 47/32 per quella Compagnia armi di accompagnamento che il capitano Morelli aveva voluto per assicurare al reparto piena autonomia operativa. Saltuariamente il Valanga veniva impiegato anche in attività di difesa costiera pattugliando la fascia di litorale che si estendeva fino a Cortellazzo per contrastare eventuali sbarchi di commandos. E' sempre a Jesolo che giunse l'ordine di cambiare il nome del battaglione, da Valanga in Tarigo. A tutti i reparti della Xa Mas era stato imposto il nome di una nave affondata. Il cambio del nome, venne accettato dai guastatori a malincuore. Come pure i gradi divennero quelli in uso nella Marina. Per cui il capitano divenne, come si legge in alcuni documenti di quel periodo, tenente di vascello, il sottotenente, guardiamarina, il caporal maggiore, sottocapo e così via. Ma un'altra imposizione fu accettata molto amaramente: la sostituzione del cappello alpino con il basco a giro di bitta tipico della Marina. Togliere il cappello con la penna a un alpino era un vero e proprio "sacrilegio" ma, come vedremo, fu brillantemente superata grazie alla caparbietà di Morelli.

Il Tarigo, giunto ad Ivrea ai primi di Agosto.

Il suo primo compito operativo fu quello di assicurare il controllo della Statale 26, Torino-Aosta, nel tratto di circa 15 km fra Ivrea e Castellamonte che conduce a Cuorgné, sede del Comando di Divisione. Intorno alla metà di Agosto, a seguito di varie azioni dei partigiani italiani e francesi, il Tarigo venne inviato a controllare i versanti settentrionali dei monti Unghiasse e Tovo, che separano la Val d'Orco dalla Valli di Lanzo. Il reparto stabilì due basi, a Loana e a Noasca, dalle quali le pattuglie partivano per le loro lunghe perlustrazioni. I guastatori non ebbero molte occasioni di entrare in contatto con i partigiani, i quali stavano ormai abbandonando la zona e ripiegavano sulle Valli di Lanzo. Il comando Xa decise allora di attaccare a fondo queste valli.Il piano operativo di attacco prevedeva l'azione contemporanea di due colonne: il battaglione Lupo doveva percorrere la Valle di Viù, mentre al Tarigo, con la 2° compagnia del battaglione NP era assegnata la Val d'Ala. L'operazione ebbe inizio alla fine di Settembre. Le pattuglie del Tarigo incontrarono, inizialmente, qualche resistenza e, in uno scontro a fuoco presso Ceres, ebbero due perdite, i guastatori Tumiati e Vaccina, della 3° compagnia. Subito i partigiani abbandonarono le loro posizioni e la Val d'Ala poté così essere occupata. Per espugnare la testata della valle, il piano di attacco del Tarigo prevedeva che la compagnia, al comando del capitano S atta, occupasse il rifugio Gastaldi, mentre la 2° compagnia, al comando del capitano Barbesino, doveva raggiungere i Laghi della Rossa. Entrambe le colonne erano rinforzate da una squadra mitraglieri distaccata dalla 3° compagnia comandata dal tenente Palazzuolo. L'intera operazione si protrasse per circa cinque ore, fortemente contrastata dai partigiani, che potevano sfruttare le rocce sovrastanti i canaloni e i ghiaioni in forte pendenza lungo i quali i guastatori erano costretti ad avanzare. Tuttavia, malgrado il notevole volume di fuoco sviluppato dai partigiani, il lancio di numerose bombe a mano e di grossi sassi che venivano fatti rotolare dall'alto, le perdite del Valanga si limitarono a due soli feriti. Gli obiettivi vennero entrambi raggiunti e i partigiani sbandati ripararono in Francia, abbandonando nella fuga armi e materiali. Nel corso dell'azione venne incendiato il Rifugio Gastaldi per privare i partigiani di una comoda base per le loro eventuali future attività. Il Valanga sostò a Ivrea (caserma Val Calcino) solo per una diecina di giorni. Il Valanga, fra il 20 e il 30 Ottobre, raggiunse Vittorio Veneto, sistemandosi nella scuola Francesco Crispi. Nel mese di Novembre si trasferì nella Villa Vianello a Col di Luna, presso Cozzuolo, la sede del Servizio Ausiliario Femminile della Xa Mas; il Valanga ebbe l'incarico di curare i vari servizi atti a garantire la necessaria sicurezza al trasferimento. Nello stesso mese, giunse da Venezia a Vittorio Veneto, una compagnia di marinai al comando del S.T.V. Busca, per essere integrata nel battaglione. Divenne la 4° compagnia denominata "Serenissima", che era quello del reparto dal quale era distaccata. La prima operazione disposta dal comando della Divisione Xa fu diretta verso la cosiddetta "Zona libera della Carnia", un vasto territorio montagnoso che si estendeva fra le valli del Meduna e dell'Arzino, limitato al nord dall'alto corso del Tagliamento e a sud dalle colline fra Maniago e Spilimbergo. Era controllato da formazioni comuniste Garibaldi e dalle brigate Osoppo. Il comando operativo della Divisione Xa, assegnò al Valanga, la valle del Meduna che raggiunse su automezzi Maniago e, dopo una breve marcia, si concentrò a Meduno nella serata del 28 Novembre. All'alba del giorno successivo si iniziò l'attacco che il capitano Morelli dispose su tre direttrici: a sinistra la la compagnia e la 4a compagnia Serenissima, a destra la 2a compagnia e al centro - lungo la rotabile di fondo valle e a mezza costa, sulle pendici occidentali del monte Chiarandeit - parte della 3a. Nei giorni successivi, dall'interrogatorio di prigionieri, si apprese che i partigiani avevano sovrastimato di molto la forza numerica del Valanga, proprio per essere stati attaccati contemporaneamente, oltre che nei punti previsti, anche in punti dai quali non ritenevano possibile un attacco. Nel tardo pomeriggio, dopo un breve tiro preparatorio dei mortai da 81, la strada montana fu occupata dal 3° plotone della 3a compagnia senza incontrare resistenza. Il giorno successivo, tutto il battaglione si concentrò nella zona di Tridis e, all'indomani, fu attaccata Tramonti di Sotto, centro principale della Val Meduna. Dopo una breve sparatoria, i partigiani si ritirarono senza combattere e l'occupazione fu compiuta senza perdite del Valanga, che aveva così raggiunti tutti gli obiettivi assegnati. A metà di Dicembre, il Valanga rientrò a Vittorio Veneto. Una delle operazioni più brillanti, fu quella dalla 1a compagnia, a Tarnova della Selva. Alla fine di Gennaio il Battaglione si ritrovò a Vittorio Veneto. Nel mese successivo, insieme ad altri reparti alpini, fece dei rastrellamenti sul Monte Cimone. L'ultimo periodo, prima della resa, il Valanga fu spostato a Bassano del Grappa, presso l'Istituto Grazian, eseguendo esercitazioni alle pendici del Monte Grappa. Nel mese di Aprile era in addestramento anche una singolare compagnia per un successivo inserimento nel Valanga. Era costituita da circa 70 persone (comprese alcune ragazze), ex-partigiani catturati dalla formazione fascista Carità. Avevano accettato di arruolarsi nelle Forze Armate della Repubblica Sociale Italiana, pur di sfuggire alla morte o alla deportazione in Germania.

Avevano però posto alcune condizioni: non dover portare nessuno distintivo fascista sulle loro uniformi, non essere costretti a combattere contro altri italiani e avere la facoltà di ricusare un comandante non gradito.

Non era facile soddisfare queste condizioni. Morelli aveva proposto il Sottotenente La Serra, che accettò senza riserve dagli ex-partigiani.

L'addestramento si svolse a Marostica, nei pressi di Bassano, per poter essere controllato, ma anche abbastanza lontano da evitare contatti diretti con il resto del battaglione, contatti che avrebbero potuto provocare qualche problema. Gli ex-partigiani rimasero fedeli al loro posto fino agli ultimi giorni di Aprile, quando con il consenso del Sottotenente La Serra, chiesero e ottennero di mettersi a disposizione del Comitato di Liberazione Nazionale di Vicenza. Il giorno 28 il Valanga si era spostato da Bassano a Marostica, diretto a Thiene dove avrebbe dovuto concentrarsi con gli altri reparti del 2° Gruppo di Combattimento per raggiungere poi la Venezia Giulia. Ma a Marostica il capitano Morelli si rese conto che non era possibile raggiungere la Venezia Giulia. Nella notte i partigiani di Asiago, scesi a valle, avevano circondato Marostica.

Morelli decise allora di prendere contatto con il rappresentante locale del Comitato di liberazione Nazionale. Rifiutata l'offerta di unirsi alle formazioni partigiane, scartata l'ipotesi di una resistenza armata Morelli, come era nel suo costume, si preoccupò sopratutto della sorte dei suoi guastatori. Concordò quindi che gli uomini avrebbero consegnato a lui stesso le proprie armi e che il reparto, con gli ufficiali e i sottufficiali armati, avrebbero raggiunto Bassano, da dove riteneva più agevole per i singoli disperdersi, sfuggendo cosi al campo di concentramento alleato. Come contropartita, i partigiani si impegnavano a non attaccare il Valanga, mentre lo stesso Morelli sarebbe rimasto in ostaggio a Marostica per garantire la consegna delle armi. Dopo aver fatto consegnare all'Ospedale Civile i viveri del deposito divisionale rimasto incustodito, il capitano Morelli, nella stessa serata, rivolse brevi parole al battaglione, illustrò gli accordi raggiunti ed esortò gli uomini a saper affrontare il futuro con la stessa determinazione e la stessa lealtà con la quale avevano prestato servizio fino a quel giorno. A tutti venne consegnato il distintivo del "Valanga", già distribuito ai soli ufficiali a Vittorio Veneto, disegnato dal Sottotenente Ing. Vincio Delleani.

Il secondo dopoguerra

Alla fine del conflitto, visto le esperienze belliche e il trattato di pace, nel Genio scomparve la specialità. Una prima "rinascita" dei Guastatori, si assiste nel 1947, con la creazione, presso la Scuola artieri di Civitavecchia, di una compagnia Guastatori-Minatori.
Questo reparto ebbe vita alquanto breve, fu sciolto nel 1950 quando la Scuola venne spostata a Roma.
Per molti anni non si sentirà più parlare di Guastatori.
Nello stesso anno dello scioglimento della compagnia, nascono i Pionieri d'Arresto, una via di mezzo tra gli Artieri d'arresto e i Guastatori.
Cinque erano i battaglioni:
- Il I°, Settembre 1950 a Casarsa della Delizia (PN)
- Il II°, il III° e il IV°, Maggio 1950 a Vipiteno
- Il V°, Gennaio 1954 sempre a Vipiteno.

Dal 1° di Aprile del 1954, i primi tre battaglioni (I, II e III), vennero riuniti in un raggruppamento con sede del comando a Conegliano Veneto. Qualche mese dopo, nel Luglio, viene aggregato anche il V mentre il IV rimase a far parte dei supporti del IV Corpo d'armata, dipendente del 2° reggimento Genio. Questo raggruppamento diventa, dal 1° di Aprile del 1955, il 3° Reggimento Pionieri d'arresto, con il motto "Arresto e distruggo".
Dal 1955 viene trasferito presso la caserma intitolata alla medaglia d'Oro al Valor. Militare caporal maggiore Giovanni LECCIS, a Orcenigo Superiore di Zoppola (PN), che sarà, fino al 1975, la sede storica del reparto.

Il 31 Dicembre del 1963 viene sciolto il IV battaglione di stanza a Vipiteno (BZ) e il successivo 31 Maggio stessa sorte per il V°.

Finalmente il 24 Giugno del 1972, lo Stato Maggiore dell'Esercito, muta la denominazione in 3° Reggimento Guastatori d'Arresto.

Prima su tre battaglioni (I°, II° e III°) poi su due che prendono la denominazione di XXX° e XXXI° battaglione.

Il 30 Settembre del 1975, il XXX è sciolto, come pure il comando del 3° Reggimento. Rimane il XXXI° battaglione.

Dal 31 Dicembre del 1975, questi cambia denominazione in 3° Battaglione Genio Guastatori "Verbano" su tre compagnie, XXX°, XXXI° e XXXII° più la compagnia "comando e parco".

Con molto rammarico, da parte dei Guastatori, nuovi e reduci, il reparto fu spostato, in data 25 Luglio 1976 dalla caserma Leccis, a Udine, presso la caserma intitolata alla medaglia d'Oro al Valor Militare Pio Spaccamela.

Durante il terremoto che interessò il Friuli, il reparto prestò opera di soccorso e di ricostruzione.

Per questa opera fu concessa la medaglia di Bronzo al Valor dell'Esercito.

Mine ed esplosivi

Tabella riassuntiva delle mine anticarro (a.c.) e antiuomo (a.u) italiane.

- **Mina anticarro B 2**

Era costituita da un scatola di lamiera con coperchio.
Le dimensioni erano 1,05 x 0,05 x 0,13 metri. Conteneva kg 3,10 di esplosivo suddiviso in due cariche poste alle estremità.

- **Mina anticarro V. 3**

Era costituita da un scatola allungata di lamiera di ferro stampata, con coperchio. Le dimensioni erano 1,140 x 0,065 x 0,070 metri. Conteneva, a secondo dell'impiego, da 0,60 a 2,66 grammi di esplosivo, utilizzando delle cartucce del n. 2 (200 grammi ognuna).

- **Mina contro mezzi leggeri e antiuomo V. 5**

Era costituita da un tubo di acciaio da diametro esterno di 35 mm e da una protezione in lamiera. Le dimensioni erano lunghezza 114 cm, altezza 6 cm, larghezza 4 cm. Conteneva 9 cartucce del n. 1 da 100 grammi ognuna (900 grammi).

- **Mina controcarro C.S. mod. 42.**

Era una mina anticarro del tipo a pressione, costruita in legno, con accenditori in resina. Dimensioni di massima: 23, 6 cm x 28,6 cm x 16 cm. Peso 8 kg.

- **Mina controcarro C.S. mod. 42/2.**

Era identica al mod. 42, unica differenza era per il sistema di accensione e che, i congegni di accensione, durante il trasporto, erano sistemati nelle mine.

- **Mina controcarro C.S. 42/2. simile alla C.S. 42** (stesso cappello di pressione).

Nella scatolina porta capsule erano sistemati le capsule O.T.O., durante il trasporto, mentre nei falsi contenitori trovavano posto i contenitori a spillo quando non avevano la capsula inserita

2° Reggimento Genio Guastatori "Iseo"

Il 2° Reggimento genio guastatori "Iseo" è un reparto dell'Esercito Italiano con sede a Trento e dipende dalla Brigata alpina "Julia".
Con il 32° Reggimento genio guastatori è uno dei due reggimenti guastatori alpini. Il Reggimento appartiene alla specialità Guastatori dal 1986 quando il pre-esistente 2° battaglione Minatori viene convertito al nuovo impiego.
La storia dell'unità si riallaccia al 2° Reggimento Zappatori del 1860 e si dipana attraverso la storia d'Italia nelle campagne per l'unità del 1860-61, contro il Brigantaggio (1860-70), la 3ª Guerra d'Indipendenza (1866) e la presa di Roma (1870), l'Eritrea (1895-96), la Libia (1911-12), la Grande Guerra (1915-18), la spedizione del Mediterraneo orientale, Anatolia nel 1919-20 e quindi nella 2ª Guerra Mondiale alla frontiera francese nel 1940, nei Balcani nel 1941 e nel 1942 e in Russia nel 1942-43. Ricostituito in Bolzano il 20 aprile 1954 il reparto segue l'evoluzione delle unità del Corpo d'Armata alpino. La festa del reggimento, come per tutti i reggimenti del Genio, cade il 24 giugno, anniversario della battaglia del Piave (1918).
Anniversario: 4 dicembre Santa Barbara Patrona del Genio.
Impegnato nelle emergenze a seguito del terremoto del Friuli, nel disastro della Val di Stava (1985) e in Valtellina (1987), nel 1993 concorse con personale e mezzi alle operazioni in Albania (Pellicano), Somalia (Ibis) e Mozambico (Albatros).
Dal 1995 la sede è a Trento nella caserma "Cesare Battisti".
Nell'estate del 2000 un plotone di genieri alpini inquadrati nel 2° reggimento alpini partecipano all'operazione Joint

Forge (24 aprile 1998 - 1° dicembre 2004), inquadrati nella forza multinazionale della NATO dispiegata in Bosnia ed Erzegovina Stabilisation Force (SFOR). Questo è stato il primo impiego di VFA (volontari a ferma annuale) in un contesto di missioni internazionali. Aliquote di personale partecipano (nella task force "Genio" dell'Esercito) dal febbraio 2010 all'operazione "White Crane" in soccorso alla popolazione di Haiti colpita da un disastroso terremoto.

Dal dicembre 2014 al marzo 2015 ha partecipato alla missione militare dell'Unione Europea nella Repubblica Centrafricana (EUFOR RCA) di stanza nella capitale Bangui. Subito impiegato nella riparazione di una strada, realizzerà in seguito la costruzione di un ponte.

Struttura:

- Comando di reggimento
- Compagnia comando e supporto logistico
- Battaglione "Iseo" - Alimentato da volontari in servizio permanente e ferma prefissata 4 e 1.

Storia

Il 1° giugno 1869 viene costituito a Piacenza il 2° Reggimento Genio Zappatori. L'unità partecipa alla campagna del 1860-61 nel centro-meridione e il suo operato si rivela essenziale nel corso degli assedi di Ancona, Capua, Gaeta e Messina. In particolare, la 3ª e la 7ª compagnia meritano la medaglia di Bronzo al Valor Militare per essersi distinte nell'assedio di Gaeta (13 febbraio 1861). Fino al 1870 alcuni reparti del Reggimento concorrono alla repressione del brigantaggio nell'Italia meridionale.

Il 2° Reggimento Zappatori partecipa anche alla 3ª Guerra d'Indipendenza (1866) impegnando, tra l'altro, 4 compagnie a Custoza (24 giugno). Nell'agosto del 1867 il 2° Reggimento è riunito, insieme al 1° Zappatori, nel "Corpo Zappatori del Genio" che partecipa alla presa di Roma nel 1870. Il Corpo Zappatori del Genio viene soppresso nel dicembre 1873 e al suo posto vengono ricostituiti, con il concorso dei reparti del disciolto 1° Reggimento Artiglieria (Pontieri), il 1° e il 2° Reggimento Genio. La composizione del 2° Reggimento è modificata più volte negli anni successivi fino al 1° novembre 1895, quando assume la denominazione di 2° Reggimento Genio (Zappatori). Durante la campagna di Eritrea (1895 – 1897) il 2° Reggimento Genio concorre alla formazione di alcuni reparti mentre per la campagna di Libia (1911 – 1912) mobilita i comandi di due Battaglioni e cinque Compagnie.

Il 2° Reggimento Genio, che ebbe sede dal 1867 al 1919 a Casale Monferrato (AL), viene sciolto nel novembre 1919 e, successivamente, è ricostituito a Torino il 1° ottobre 1922 come "1° Raggruppamento Genio di Corpo d'Armata". L'11 ottobre 1926, dopo essere stato dislocato a Casale Monferrato dove rimarrà fino al 1943, assume nuovamente la denominazione di 2° Reggimento Genio. Nel marzo del 1928 concorre alla formazione dell'11° Reggimento Genio. Con l'inizio della 2ª Guerra Mondiale, il 2° Reggimento Genio diviene Centro di Mobilitazione e tramite il Deposito costituisce e mobilita il Comando del 5° Reggimento Genio e molte altre unità. Nel settembre 1943 viene sciolto. Il 20 aprile 1954 viene costituito a Bolzano il 2° Raggruppamento Genio che, un anno dopo (1° aprile 1955) cambia nome in 2° Reggimento Genio. Il 16 gennaio 1964 perde, perché vengono sciolti, il IV° Battaglione Pionieri d'Arresto e la 1ª Compagnia Mascheratori. Il 6 novembre 1975, a seguito della ristrutturazione dell'Esercito, il 2° Reggimento Genio viene sciolto e vengono costituiti il 4° Battaglione Genio Pionieri "Orta" e il 2° Battaglione Genio Minatori "Iseo". Quest'ultimo eredita le tradizioni e la Bandiera del 2° Reggimento Genio.

Il 1° agosto 1986 l'unità viene riconvertita in 2° Battaglione Genio Guastatori "Iseo".

Con il successivo riordinamento della Forza Armata, il 2° Battaglione Genio Guastatori "Iseo", in data 13 ottobre 1995, trasferisce la Bandiera dalla sede di Bolzano a quella di Trento, dove si costituisce, in pari data, il 2° Reggimento Genio Guastatori per ridenominazione del 1° Reggimento Genio Guastatori.

L'unità partecipa, con personale e mezzi, alle seguenti missioni fuori area per il mantenimento della pace:

- Operazioni "Pellicano" (Albania), "Ibis" (Somalia) e "Pellicano" (Mozambico), nel 1993 (2° Battaglione Genio"Iseo").
- Operazione "Joint Forge (Kosovo), nel 2000.

- Operazione "Joint Guardian (Albania), nel 2001.
- Operazione "Joint Forge (Bosnia), nel 2002 e 2003.
- Operazione "Decisive Endeavour" (Kosovo), a livello Battaglione, nel 2003 e 2004.

Compie inoltre numerosi interventi di pubblica utilità tra i quali sono da ricordare quelli per:

- Il disastro del Vajont nell'ottobre del 1963 (2° Reggimento Genio)
- L'alluvione in Veneto nel novembre 1966 (2° Reggimento Genio)
- La bonifica del greto del torrente Talvera (Bolzano) nel 1970 – 1973 (2° Reggimento Genio)
- Il terremoto in Friuli nel 1976 (2° Battaglione Genio Minatori "Iseo")
- Il crollo della diga in Val di Stava (TN) nel 1985 (2° Battaglione Genio Minatori "Iseo")
- L'alluvione in Valtellina nel 1987 (2° Battaglione Genio Guastatori "Iseo")
- L'alluvione in Piemonte nel 1994 (2° Battaglione Genio Guastatori "Iseo").

Prende parte, inoltre, nel 1997 all'operazione "Vespri Siciliani", messa in atto per coadiuvare le Forze dell'Ordine nella vigilanza del territorio e nella protezione di punti sensibili.Svolge, infine, dal 2000, con i propri nuclei EOD, l'attività di "bonifica del territorio" da ordigni esplosivi nella zona di competenza sul territorio nazionale. Il 2° Reggimento Genio Guastatori è inquadrato nella Brigata Alpina "Julia" e ha sede dal 1995 a Trento, nella Caserma Cesare Battisti.

Gestisce inoltre l'Area Addestrativa "Paolo Caccia Dominioni" situata al confine tra le province di Trento e Bolzano, tra gli abitati di Salorno e Roverè della Luna.

3° Reggimento Genio Guastatori

Il 3° Reggimento Genio Guastatori è un reparto dell'Esercito Italiano, dipende dalla Brigata di cavalleria "Pozzuolo del Friuli" e ha sede a Udine nella caserma "Giovanni Battista Berghinz". Il 3° Reggimento genio guastatori fa parte della Brigata di cavalleria "Pozzuolo del Friuli", che a sua volta dipende gerarchicamente dalla Divisione "Friuli" e Comando delle Forze Operative Terrestri (COMFOTER).

Struttura

- Comando di Reggimento
- 5a Compagnia Comando e Supporto Logistico
- Battaglione Genio Guastatori "Verbano", articolato in 4 compagnie:
    - 30a Compagnia Supporto alla Mobilità.
    - 31a Compagnia Guastatori Anfibi.
    - 32a Compagnia Guastatori Anfibi.
    - 8a Compagnia Supporto allo Schieramento.

Gli artificieri EOD (Esplosive Ordnance Disposal) effettivi al reparto sono inquadrati nella 5a compagnia comando e supporto logistico. Gli interventi riguardano principalmente la rimozione e la neutralizzazione di ordigni residuati bellici delle due guerre mondiali. Sono chiamati anche a operare in tutte le missioni internazionali a cui l'Italia prende parte.
L'EOD si può suddividere in attività di bonifica di:
- Munizionamento chimico biologico.
- Munizionamento convenzionale.

- Ordigni esplosivi improvvisati.
- Ordigni nucleari.
- Munizionamento subacqueo.
- Riconoscimento di ordigni esplosivi.
- Procedure di messa in sicurezza.

Il plotone ACRT (Advanced Combat And Reconnaissance Team) è inserito nelle Compagnie Guastatori. Il compito principale del plotone è sicuramente quello di fornire un adeguato supporto tecnico effettuando ricognizioni, al fine di raccogliere dati e informazioni essenziali per lo sviluppo della manovra in ambiente permissivo e non. Questi dati e informazioni si concretizzano in particolar modo in:

- Localizzazione e identificazione di campi e aree minati.
- Classificazione di opere d'interesse tattico (ponti, guadi, attraversamenti, corsi d'acqua, gallerie).
- Classificazione di strade e itinerari in relazione agli STANAG di riferimento.
- Supporto alle forze di manovra nelle operazioni offensive nel combattimento nei centri abitati, con particolare riferimento a:
  - Ricognizioni per determinare l'entità e tipologia di ostacolo esistente.
  - Ricognizioni per determinare possibili vie d'accesso/fuga delle aree sensibili.
  - Accesso a edifici/locali mediante l'ausilio di attrezzature meccaniche ed esplosive.
- Acquisizione di informazioni relative agli assetti guastatori avversari.
  - Attività di Terrain Analysis.
  - Attività di Terrain Intelligence.

- Attività di Engineer Intelligence.

Innumerevoli sono state le operazioni cui ha preso parte il 3° Reggimento Guastatori, tra cui ricordiamo:

- Operazione "Pellicano" (Albania) nel 1991 e 1993 (3° Battaglione Genio Guastatori "Verbano" e 3° Reggimento Genio Guastatori)
- Operazione "Joint Guardian" (Albania) nel 2001 a livello battaglione
- Operazione "Joint Guardian" (Albania) nel 2003 a livello battaglione
- Operazione "Joint Guardian" (Kosovo) nel 2002 a livello reggimento
- Operazione "Antica Babilonia" (Iraq) nel 2003 a livello reggimento
- Operazione "Antica Babilonia" (Iraq) nel 2004 a livello reggimento
- Operazione "ISAF" (Afghanistan" nel 2004 a livello battaglione)
- Operazione "ISAF" (Afghanistan" nel 2006 a livello battaglione)
- Operazione "Leonte" (Libano nel 2006-07 a livello reggimento)
- Operazione "Leonte" (Libano nel 2008-09 a livello reggimento)
- Ooperazione "Leonte" (Libano nel 2010-11 a livello battaglione)
- Operazione "Leonte" (Libano nel 2013 a livello battaglione)
- Operazione "Leonte" (Libano nel 2015 a livello compagnia)
- "Vespri Siciliani" (1992-95 e 1997)

- "Operazione Domino" (2001-2006)
- "Strade Sicure" (2008-in corso)
- "Expo Milano 2015" (2015).

Storia

Il 1° ottobre 1922 viene costituito in Lodi il 2° Raggruppamento Genio di Corpo d'Armata con il concorso del Battaglione Zappatori e del Battaglione Telegrafisti. Il 1° novembre 1926 diviene 3° Reggimento Genio. Il 1° ottobre 1934 avviene la fusione della Scuola AUC dell'Arma con il Reggimento che, pertanto, assume la denominazione di 3° Reggimento Genio Scuola. Dopo pochi anni, il 15 settembre 1937, i due Enti si scindono e, dopo aver formato la Scuola AUC del Genio, il 3° Reggimento assume un nuovo organico. Con l'inizio della 2ª guerra mondiale il Reggimento diviene centro di mobilitazione e tramite il Deposito costituisce e mobilita il Comando del 2° Raggruppamento Genio Speciale d'Armata, che opera in Africa Settentrionale, e numerose altre unità. Il Reggimento viene sciolto nel settembre 1943.

Dopo il 1945 nell'Arma del Genio furono costituiti in Pionieri d'Arresto, particolari unità capaci di incentrare le loro azioni sul binomio fuoco-ostacolo.

Il 1° maggio 1951, si formavano il II°, il III° e il IV° battaglione pionieri d'arresto, rispettivamente in Conegliano Veneto (TV), in Latisana (TV) e a Vipiteno (BZ). Per ultimo, il 20 gennaio 1954, si costituì, ancora a Vipiteno, il V battaglione genio pionieri d'arresto.

La nuova specialità, rappresentata dai predetti battaglioni - tutti supporto di Corpo d'Armata - assommava in sé, fondendole armonicamente, le caratteristiche che già furono degli artieri e dei guastatori del genio. Il 1° aprile 1954 viene costituito in Conegliano Veneto (TV) il 3° Raggruppamento

Genio e vi confluiscono il I° , II° e III° Battaglione Pionieri d'Arresto e, dal successivo 1° luglio, anche il V Battaglione Genio Pionieri d'Arresto. Il IV° battaglione, invece, continuò a far parte dei supporti del 4° Corpo d'Armata, prima come unità autonoma, poi inquadrato nel 2° reggimento genio.

Un anno dopo, il 1° aprile 1955, diviene 3° Reggimento Genio Pionieri d'Arresto e, nel novembre dello stesso anno, viene trasferito a Orcenico Superiore di Zoppola (PN) nella caserma "cap.magg. MOVM Giovanni Leccis". Il 31 dicembre 1963 veniva sciolto il IV° battaglione di Vipiteno e il 31 maggio 1964 un uguale provvedimento interessava il V battaglione. Il 1° aprile 1969, nel quindicesimo anniversario della sua costituzione, con una cerimonia intesa a rinvigorire i legami spirituali tra i pionieri d'arresto e i guastatori del genio del 2° conflitto mondiale, il Comandante del 3° reggimento genio pionieri d'arresto riceveva dalle mani dell'ultimo Comandante del glorioso XXXI° battaglione guastatori, Col. Paolo Caccia Dominioni di Sillavengo il labaro bianco e rosso, con gladio su granata fiammeggiante, che nell'autunno del 1942, sulle sabbie africane, aveva sventolato orgoglioso davanti alle soverchianti forze avversarie, un'urna contenente la sabbia di El Alamein e una mattonella cementata con i frammenti di terra provenienti da cinquanta località gloriose per le Armi Italiane. Entrambi i predetti cimeli, venuti a far parte integrante delle tradizioni della specialità, sono oggi custoditi nella Sala Storica del 3° reggimento genio guastatori. Il 24 giugno 1972 il Reggimento muta la sua fisionomia organica e nasce il 3° Reggimento Guastatori d'Arresto. Il 1° ottobre 1972 il I Battaglione viene sciolto e il II° e III° Battaglione assumono, rispettivamente, la denominazione di XXX° e XXXI° Battaglione Guastatori d'Arresto. Con la ristrutturazione dell'Esercito del 1975 viene prima sciolto il XXX°

Battaglione il 30 settembre e, successivamente, il Comando di Reggimento il 31 dicembre.

Dal 1° gennaio 1976 il XXXI° Battaglione diviene 3° Battaglione Genio Guastatori "Verbano" ed eredita le tradizioni del 3° Reggimento.

L'unità, dal 26 luglio 1976, viene trasferita a Udine, nella caserma "Pio Spaccamela", e il suo ordinamento è ancora modificato nel 1988. Con il riordinamento della Forza Armata agli inizi degli anni novanta, il Battaglione perde la sua autonomia il 31 agosto 1992 e il giorno successivo è inquadrato nel 3° Reggimento Genio Guastatori , che si costituisce in Udine.

Il 1° dicembre 1997 il Reggimento, che fino dal 1954 è sempre stato alle dipendenze del Comando Genio del Quinto Corpo d'Armata, passa prima al 1° Comando Forze Operative di Difesa e poi, a fine 2000, alle dipendenze della Brigata di Cavalleria "Pozzuolo del Friuli", a seguito dell'assegnazione alle Brigate di unità del genio a livello reggimento.

4° Reggimento Genio Guastatori

Il 4° Reggimento Genio Guastatori è un'unità di guastatori dell'esercito italiano, dipendente dal Comando della Brigata meccanizzata "Aosta" dislocata in Sicilia (che a sua volta dipende gerarchicamente dal 2° F.O.D.) ed è di stanza a Palermo dal 1992, nella caserma "Ciro Scianna" occupata in precedenza dal 51° Battaglione "Simeto" , in qualità di erede del 12° Reggimento Genio, a Palermo dal 1918.
Il reggimento si compone delle seguenti parti:
- Comando di reggimento
- Compagnia supporto logistico
- 1 Battaglione Guastatori

A livello di missioni nazionali e internazionali, il 4° Reggimento è stato presente in:

- Operazione Domino 2001. Alla luce degli attentati terroristici avvenuti nel territorio degli Stati Uniti d'America l'11 settembre 2001 si è prospettato a livello mondiale la possibilità del reiterarsi di tali gesti terroristici contro installazioni di diversi paesi tra cui l'Italia; l'impiego del Reggimento è stato molto intenso sin dalla prima fase con la costituzione di diversi Comandi per l'espletamento delle attività operative di vigilanza di obiettivi sensibili sia in Sicilia sia in altre Regioni quali Calabria, Campania, Toscana e Marche.

- Sicilia in data 28 aprile 2003. I continui interventi del reggimento a supporto della popolazione siciliana nelle emergenze Etna e Stromboli gli vale l'attribuzione della Medaglia d'Oro al Valore dell'Esercito.

- Calabria nel Febbraio 2012. Aliquote di personale e mezzi del 4° Reggimento genio guastatori sono mobilitati per l'emergenza maltempo e sono intervenuti per ripristinare la viabilità a e prestare soccorso alla popolazione locale in provincia di Vibo Valentia, in particolare nella località di Serra San Bruno.

- Kosovo, operazione denominata "Joint Enterprise" con una Compagnia Genio rinforzata (Main Group) da maggio a novembre 2006.

- Albania, operazione denominata "Joint Guardian Commz West" e successivamente "Nato Headquarters Tirana" con una Compagnia Genio da ottobre 2000 ad agosto 2003.

- Bosnia, operazione denominata "Joint Forge" e successivamente "Althea" con un Plotone genio e nuclei EOD da ottobre 2000 a dicembre 2006.

- Libano, Missione Leonte 10 (mandato ONU) dall'8 maggio 2011 al 09 novembre 2011.

- Afganistan dal mese di settembre 2013 al (missione in corso).

Storia

Il 1° ottobre 1922 viene costituito in Verona il 3° Raggruppamento Genio di Corpo d'Armata con il concorso del battaglione zappatori e del battaglione telegrafisti formati presso il V° Corpo d'Armata fin dal 1° aprile 1920.

In attuazione dell'ordinamento 11 marzo 1926, dal successivo 1° novembre diviene 4° Reggimento Genio. Trasformato in Centro di Mobilitazione allo scoppio della Seconda Guerra Mondiale, costituisce addestra e invia su tutti i teatri di guerra più di dieci battaglioni genio delle diverse specialità che si batteranno in Albania, Africa Settentrionale e Russia dove al II Battaglione Misto Genio della Divisione Alpina "Tridentina" è tributata una Medaglia d'Argento al Valor Militare che oggi è custodita dal 4° reggimento. Nel 1935, per le esigenze della campagna in Africa Orientale, il Reggimento costituì il LI° Battaglione misto per la Divisione Motorizzata "Trento" e una Compagnia mista per la Divisione Alpina "Pusteria". Nel 1936 il Reggimento formò il V Battaglione misto per la Divisione Celere e un Battaglione Allievi Sottufficiali.

Durante il secondo conflitto mondiale, il 4° Reggimento Genio mobilitò numerosi Reparti delle "Varie Specialità dell'Arma" tra i quali vanno ricordati:

- Il II° e V° Battaglione Misto, rispettivamente per le Divisioni Alpine "Tridentina" (il II° Battaglione comprendeva la 122a Compagnia Artieri e la 122a Compagnia Telegrafisti Marconisti) e "Pusteria" (il V Battaglione comprendeva la 125a Compagnia Telegrafisti Marconisti).

- Il XXX° Battaglione Guastatori.
- Il Comando del 9° Raggruppamento Genio destinato all'Armata del Po (poi 6° Armata).
- I Battaglioni Artieri I (per il Corpo d'Armata Alpino), XIII° e XXI°.
- Il LI° Battaglione misto Genio per la divisione Motorizzata "Trento".
- Il Comando del XXXII° Battaglione misto Genio per Divisione Corazzata (poi CXXXII° Battaglione misto Genio della Divisione Corazzata "Ariete").

Tra tali Reparti che combatterono in Africa settentrionale, Albania, Balcani e Russia, si distinsero, in particolare:

- Il II° Battaglione misto Genio "Tridentina", che sul fronte Russo, a Nikolajewka (agosto 1942 – febbraio 1943), meritò la Medaglia d'Argento al Valore Militare
- Il XXX° Battaglione Guastatori che partecipò alle operazioni in Albania (1941) e in Russia (1942 – 1943).

Nel settembre 1943 viene sciolto a seguito degli eventi determinati dall'armistizio.

Nell'ambito dei provvedimenti connessi con la ristrutturazione dell'Esercito, il 7 novembre 1975 viene costituito in Trento il 4° Battaglione Genio Pionieri "Orta", per trasformazione del preesistente XIV° battaglione genio pionieri di Corpo d'Armata, ed è posto alle dipendenze del Comando Genio del 4° Corpo d'Armata alpino. L'unità è resa erede delle tradizioni del 4° reggimento genio e con decreto 12 novembre 1976 ne riceve anche la Bandiera.

Il battaglione ha modo di distinguersi nell'opera di soccorso a favore della popolazione nelle zone terremotate del Friuli dove merita la Medaglia di Bronzo al Valore dell'Esercito (1976) e delle provincie di Avellino e Potenza (1980) dove si guadagna la seconda Medaglia di Bronzo al Valore dell'Esercito.

Dal 14 settembre al 28 ottobre 1992 l'"Orta" prende parte all'operazione "Vespri Siciliani", in concorso al controllo del territorio, nella provincia di Ragusa. Sempre ne 1992 l'unità è impegnata, con personale e mezzi, nell'operazione umanitaria "Pellicano" in Albania. Con il riordinamento della Forza

Armata il battaglione perde l'autonomia in data 3 ottobre 1993 e il personale concorre alla formazione del 1° Reggimento Genio. Battaglione e reggimento saranno poi sciolti il 13 ottobre 1995.

Il 4° Reggimento Genio Pionieri viene ricostituito in Palermo il 19 settembre 1992, con il personale del preesistente 51° battaglione "Simeto". Il reggimento è subito impegnato nell'operazione "Vespri Siciliani" nel settore di Palermo. Il 24 ottobre 1995 riceve la Bandiera del 4° dal disciolto battaglione genio pionieri "Orta" e successivamente versa il Vessillo del 51° al Sacrario del Vittoriano. Nel 2000 assume la configurazione di reggimento guastatori con la denominazione di 4° Reggimento Genio Guastatori. In data 28 aprile 2003 i continui interventi del reggimento a supporto della popolazione siciliana nelle emergenze Etna e Stromboli gli vale l'attribuzione della Medaglia d'Oro al Valore dell'Esercito. Svolge, infine, dal 2000, con i propri nuclei EOD, l'attività di "bonifica del territorio" da ordigni esplosivi nella zona di competenza sul territorio nazionale. Fra gli interventi più impegnativi si ricordano quelli relativi alle bombe di aereo rinvenute nelle città di Messina (2002) e di Catania (2003).

5° Reggimento Genio Guastatori

Il 5° Reggimento Genio Guastatori è u'unità dell'esercito italiano, dipendente dal Comando della Brigata Meccanizzata "Sassari" di stanza a Macomer (NU) nella caserma "Bechi Luserna" e sostituisce il 45° Reggimento Reggio. L'unità dispone di un Nucleo Cinofilo alle dirette dipendenze del Comandante del Gruppo Cinofilo a Grosseto, presso l'accorpamento in un'unica Compagnia Cinofila del Genio. Viene prioritariamente impiegato a favore dei contingenti militari all'estero ma, all'occorrenza, può essere impiegato sul territorio nazionale con compiti di sorveglianza di obiettivi strategici per il Paese, di ricerca armi e munizioni e di "bonifica" di aree e infrastrutture. Il personale appartenente al nucleo proviene da tutte le Armi e Corpi dell'Esercito e soltanto una volta acquisita la specializzazione viene assegnato ai reggimenti genio guastatori che "ospitano" questa particolare funzione garantita dal miglior amico dell'uomo. Lo stemma del nucleo, non ancora ufficiale, è composto da una testa di cane, dal gladio e vampa dei guastatori e completato dall'ala dei Paracadutisti.

Struttura:
- Comando di Reggimento.
- Compagnia Comando Servizi Logistici "Sirbons".
- Reparto alla Sede.
- Battaglione Guastatori Bolsena:
  - 1a Compagnia Guastatori.
  - 2a Compagnia Guastatori.

- 3a Compagnia Guastatori "Piranha".
- Compagnia Supporto allo Schieramento.

Il 5° Reggimento ha partecipato alle seguenti missioni internazionali:

- Operazione Antica Babilonia (Iraq ottobre 2003-febbraio 2004) intervento di peacekeeping nella forza multinazionale USA.
- Operazione Antica Babilonia (Iraq dicembre 2005-giugno 2006) intervento di peacekeeping nella forza multinazionale USA.
- Operazione Isaf (Afghanistan marzo 2007-dicembre 2007) intervento di peacekeeping nell'ambito del Provincial Reconstruction Team italiano di Herat).
- Operazione Isaf (Afghanistan ottobre 2009-aprile 2010) intervento di peacekeeping nell'ambito del Provincial Reconstruction Team italiano di Herat).
- Operazione Isaf (Afghanistan ottobre 2011-aprile 2012) intervento di peacekeeping nell'ambito del Provincial Reconstruction Team italiano di Herat).

Storia

In attuazione dei decreti 6 novembre 1894 e 15 ottobre 1895, viene costituito a Rivoli (TO) il 1° novembre 1895 il 5° Reggimento Genio (Minatori) con il concorso del 1°, 2° e 3° reggimento genio. La nuova unità comprende uno Stato Maggiore, quattro brigate minatori, una compagnia treno e deposito (con la legge 17 luglio 1910 le brigate cambieranno denominazione in battaglioni). Fornisce personale per la campagna Italo-Turca e per la campagna di Libia (1911-12) dove il Reggimento mobilitò la 7a, l'8a, la 9a Compagnia e altri Reparti minori che rimasero in Colonia fino al 1915. Durante il conflitto 1915-18 il 5° Reggimento mobilitò 9 Battaglioni, 53 Compagnie, 4 Sezioni minatori, 6 Compagnie e 2 Plotoni Teleferisti, 5 Compagnie e 6 Plotoni autonomi Motoristi, 29 Plotoni Idrici, 2 Compagnie di Milizia Territoriale.

Nel 1919, con la smobilitazione, molte unità vengono sciolte e con decreto n. 2143 in data 21 novembre il reggimento diviene Reggimento Minatori del Genio su comando, cinque battaglioni e deposito. Trasferito a Verona il 1° maggio 1920, in virtù della circ. ministeriale n. 4273 in data 13 luglio 1922, il reggimento viene soppresso il 30 settembre dello stesso anno; nell'occasione, le compagnie del reggimento concorrono alla formazione dei reggimenti genio di Corpo d'Armata. Per effetto della medesima circolare, viene costituito in Trieste, il 1° ottobre 1922, il 5° Raggruppamento Genio di Corpo d'Armata con il concorso del battaglione zappatori-minatori e del battaglione telegrafisti, formati presso il V° Corpo di Armata fin dal 1° aprile 1920, nonché della 8ª compagnia minatori e una sezione della 9ª compagnia motoristi-teleferisti del disciolto reggimento minatori. La nuova unità comprende comando, battaglione zappatori-minatori (distaccato a Fola) con una sezione motoristi-teleferisti e una sezione pompieri, battaglione telegrafisti con sezione colombofili e quattro colombaie (Udine, Gorizia, Trieste e Pola), compagnia foto-elettricisti e deposito.

Il 1° marzo 1923 vengono sciolte le sezioni moto-teleferisti, colombofili e pompieri.
In attuazione dell'ordinamento 11 marzo 1926, dal successivo 16 ottobre diviene 5° Reggimento Genio su comando,

battaglione zappatori-minatori, battaglione telegrafisti, battaglione teleferisti, deposito e cinque colombaie (acquisendo quella stanziata a Tolmino).

Il 2 gennaio 1928, l'unità contrasse i propri organici, cedendo all'11° Reggimento Genio, di nuova costituzione, il battaglione teleferisti, una compagnia zappatori-minatori, una compagnia telegrafisti e due colombaie. Il 7 marzo 1932 si forma il battaglione minatori-teleferisti trasferito il successivo 28 ottobre al 2° reggimento minatori. I reparti zappatori–minatori, nel febbraio 1934, divengono zappatori-artieri, denominazione modificata ancora nel settembre 1936 in artieri. A fine anno 1936 il reggimento è disposto su comando, battaglione artieri, battaglione telegrafisti, battaglione radiotelegrafisti (formato il 29 settembre), deposito e tre colombaie. Più volte riordinato nei reparti alle dipendenze, fornisce personale e mezzi per la Campagna d'Africa Orientale del 1935 - 1936. Nel gennaio 1937 anche i reparti telegrafisti e radiotelegrafisti cambiano denominazione in reparti trasmissioni. Nel 1938, a seguito di un riordinamento, il 5° Reggimento si riarticolò in:

- 1 Comando
- 1 Battaglione Artieri e Idrici
- 1 Battaglione Trasmissioni.

Nel corso della 2ª Guerra Mondiale, il Reggimento operò come Centro di Mobilitazione, con sede a Trieste e come tale, costituì il III° Battaglione Artieri, il XXXII° Battaglione Guastatori, il LVII° Battaglione Misto Genio e varie Compagnie di specialità Idrici, Guastatori, e Artieri. Tali unità presero parte alle operazioni su vari fronti e tra di esse si distinse in particolare il XXXII° Battaglione Guastatori, al quale, per il sangue profuso in Africa Settentrionale dal gennaio 1941 al luglio 1942, fu conferita una "Medaglia di Bronzo al Valor Militare". Nell'ottobre 1942 il Reggimento comprendeva:

- 1 Battaglione Artieri, Idrici e Fotoelettricisti.
- 1 Battaglione Marconisti.
- 1 Battaglione Telegrafisti.
- 1 Compagnia Addestramento Guastatori.

Continua a operare come centro di mobilitazione durante la Seconda Guerra Mondiale con sede in Trieste fino allo scioglimento per effetto dell'armistizio del settembre 1943. Venne successivamente ricostituito in Belluno il 1° gennaio 1951 come 5° Reggimento Genio Pionieri, articolato su: comando, battaglione addestramento, V° battaglione genio pionieri; ai soli fini matricolari e amministrativi oltre che per le direttive riguardanti l'addestramento tecnico, il reggimento inquadra anche i battaglioni guastatori paracadutisti "Mantova" e "Folgore" e le compagnie guastatori paracadutisti "Ariete e "Julia". Il 1° marzo 1953 hanno vita la 1ª e 2ª compagnia foto-elettricisti e la 1a e 2a compagnia mascheratori. Il 1° aprile 1954 il Reggimento fu sciolto e, in sua vece, venne costituito a Vicenza il 5° Raggruppamento Genio, che inquadra il V° battaglione guastatori paracadutisti di Corpo d'Armata, le due compagnie foto-elettricisti , le due compagnbie mascheratori nonché i battaglioni I° e IV° minatori (entrambi dislocati a Udine). Il 1° aprile 1955 riprende la denominazione di 5° Reggimento Genio, cede la 1a compagnia foto-elettricisti al 1° reggimento genio e la 1a compagnia mascheratori al 2° reggimento genio ed è trasferito a Udine (Caserma Spaccamela). Nel dicembre 1975, a seguito di una ulteriore ristrutturazione dell'Esercito, il Reggimento viene soppresso dando origine, il 1° gennaio

1976, al 5° Battaglione Genio Pionieri "Bolsena" che ne eredita la Bandiera, lo stemma araldico e le tradizioni.

Nel 1991 il battaglione viene trasferito in Foggia.

In data 31 agosto 1995, a seguito di una revisione ordinativa, il battaglione viene trasferito dal capoluogo pugliese a Legnago (VR) alle dipendenze del Comando Militare Regione Nord Evest. Dal 1° dicembre 1997 entra nei ranghi del neo costituito Raggruppamento Genio del Comando Supporti delle Forze Terrestri.

Il 1° dicembre 2000 muta denominazione in 5° Battaglione Genio Guastatori Paracadutisti "Bolsena", ed entra a far parte della Brigata Paracadutisti "Folgore". Nel quadro dei provvedimenti volti alla trasformazione dell'unita' il nominativo della stessa, in data 1° giugno 2001 e' cambiato in 8° Battaglione.

Il reparto si ricostituisce nella sede di Macomer (NU) come reggimento il 1° gennaio 2003 per trasformazione del preesistente 45° reggimento "Reggio".

8° Reggimento Guastatori Paracadutisti "Folgore"

L'8° Reggimento Guastatori paracadutisti "Folgore" è l'unico reparto di guastatori paracadutisti dell'Esercito Italiano. Esso ingloba gli assetti speciali del genio da combattimento, supporto al combattimento e protezione necessari per contribuire alla manovra avioportata della Brigata paracadutisti "Folgore".

Per questo è in grado di operare con brevissimo preavviso, su ogni tipo di terreno, sia in ambiente permissivo sia non permissivo.

In ambito nazionale opera costantemente a supporto della popolazione sia per la bonifica del territorio da residuati bellici e altri ordigni esplosivi, anche in concorso alle forze di polizia, sia per il soccorso in caso di pubbliche calamità. L'8° Reggimento Genio Guastatori Paracadutisti "Folgore" è inquadrato nella Brigata Paracadutisti "Folgore" e ha sede a Legnago (VR) nella caserma "Donato Briscese".

La festa del reggimento, come per tutti i reggimenti del Genio, cade il 24 giugno, anniversario della battaglia del Piave (1918).

Il reggimento partecipa anche alla Festa delle Aviotruppe il 23 ottobre, anniversario della battaglia di El Alamein (1942).

Struttura

- Comandante.
- Comando di reggimento.
- Compagnia Comando e Supporto Logistico "Leoni".
- Comando 8° Battaglione guastatori paracadutisti:

- 21ª Compagnia guastatori paracadutisti "Giaguari".
- 22ª Compagnia guastatori paracadutisti "Angeli Neri".
- 23ª Compagnia guastatori paracadutisti "Cinghiali".
- 24ª Compagnia guastatori paracadutisti "Tigri".

Da notare che mentre il numero del Reggimento segue la numerazione dei reggimenti del Genio, la numerazione del Battaglione e delle Compagnie riprende quella delle unità di fanteria paracadutisti, seguendo l'ordine storico di costituzione dei reparti della 1ª Divisione paracadutisti. Altro particolare è che in origine i battaglioni erano organizzati su base ternaria (tre compagnie paracadutisti). Con la riorganizzazione dei Battaglioni su base quaternaria, fu scelto di ricostituire la 21ª compagnia la quale, benché originariamente non appartenuta al VIII ma al VII Battaglione paracadutisti, si distinse particolarmente durante la battaglia di El Alamein combattendo nel settore contermine a quello assegnato ai guastatori paracadutisti. L'unità partecipa alle seguenti missioni "fuori area" per il mantenimento della pace :

- Operazione "Joint Guardian" (Kosovo) nel 2001 e nel 2003 con unità a livello plotone e nel 2002 a livello battaglione.
- Operazione "Isaf" (Afghanistan) nel 2003 e nel 2004 a livello battaglione.
- Operazione "Endouring Freedom" (Afghanistan) nel 2004 con nuclei EOD.
- Operazione "Antica Babilonia" (Iraq) nel 2004 con unità a livello plotone.

Compie, altresì, numerosi interventi di pubblica utilità tra i quali sono da ricordare :

- Il terremoto del Friuli nel 1976 (184° Battaglione Genio Pionieri "Santerno")
  - L'alluvione in Piemonte nel 2000 (5° Battaglione Genio Pionieri "Bolsena").

Prende parte, inoltre, alle operazioni "Vespri Siciliani" (1997-98) e "Domino" (2002-2003) messe in atto per coadiuvare le Forze dell'Ordine nella vigilanza del territorio e nella protezione di obiettivi sensibili.
Svolge, infine, con i propri nuclei EOD l'attività di "bonifica del territorio" da ordigni esplosivi nella zona di competenza sul territorio nazionale.

L'8° Reggimento Genio Guastatori paracadutisti trae origine dall'VIII Battaglione che si costituisce come unità paracadutisti nei primi mesi del 1941 a Tarquinia (VT). Impostato come unità di fanteria su tre compagnie fucilieri, terminato il ciclo addestrativo per l'aviolancio, lascia Tarquinia per Civitavecchia (Roma) dove, nel mese di maggio 1942, viene riconvertito nella nuova specialità Guastatori della Fanteria. Inserito nella 1a Divisione Paracadutisti, il Battaglione raggiunge l'Africa Settentrionale dove, una volta dislocato nel settore di El Alamein, costituisce con il VII Battaglione uno dei Raggruppamenti tattici della Divisione "Folgore". Nell'epico scontro di El Alamein il Battaglione dimostra grande preparazione e determinazione. L'unità, ridotta a poche decine di elementi, affronta il ripiegamento del fronte posta all'avanguardia della colonna dei superstiti della Divisione. Gli ultimi trecento "Folgorini", e con essi l'VIII° Battaglione, escono dai ruolini del Regio Esercito nel deserto africano il 6 novembre 1942. Nel luglio del 1942 la divisione FOLGORE (5.912 uomini di cui 299 Ufficiali), che aveva assunto il nome di "Cacciatori d'Africa", venne trasferita per via aerea in Africa Settentrionale; in essa era compreso l'VIII° Battaglione Guastatori Paracadutisti articolato su un comando di battaglione e 2 compagnie guastatori paracadutisti (la 3a Compagnia rimase in Italia come base per la costituzione di una 2a Divisione). Alla fine di settembre del 1942 la Folgore, posta a sistema nello schieramento difensivo italo-tedesco, si preparò ad affrontare lo sforzo offensivo dell'8a armata

Britannica presso El Alamein. L'intero fronte dell'Asse si estendeva per 60 chilometri e andava dal mare (nord) sino all'intransitabile depressione di El Qattara (sud).

La "Folgore" presidiava, per 15-20 chilometri, un terreno spoglio e privo di copertura atta a mascherare le difese; proprio qui venne sferrato inizialmente l'attacco britannico volto a sfondare le linee di difesa e ad aggirare l'intero schieramento dell'Asse. L'VIII° battaglione guastatori paracadutisti, Comandato dal Maggiore Giulio Burzi, venne decentrato al 186° Reggimento Paracadutisti e, unitamente al VII° Battaglione paracadutisti, era parte del Raggruppamento "Ruspoli" (cognome del Tenente Colonnello Comandante del Raggruppamento). L'VIII Guastatori Paracadutisti, alla metà di ottobre, si trovava a presidiare il settore assegnato, a nord del dispositivo difensivo approntato dal 186° Reggimento Paracadutisti. Alle ore 20:30 del 23 ottobre iniziò ufficialmente la battaglia di El Alamein con un intenso fuoco di preparazione di artiglieria. In particolare, nel settore dell'VIII° Guastatori (sottosettore difensivo centrale divisionale-raggruppamento Ruspoli) il fuoco delle artiglierie si accanì con inusitata intensità e violenza a premessa di un successivo attacco delle fanterie. Alle 21.30 reparti dell'8a Armata britannica della forza di 4 battaglioni di fanteria e una Brigata corazzata, sostenuti dal fuoco delle artiglierie, investivano il distaccamento Ruspoli. Un semplice Reggimento "leggero" contro unità attaccanti preponderanti (1 contro 8) e di altissima qualità (ricordiamo solo la 13a Demì-Brigate della Legione Straniera e la 7a Brigata carri britannica "Topi del Deserto"). Contrariamente a ogni previsione, il settore tiene e la "Folgore" resiste, resiste e resiste con la sola forza di volontà. Tutta la notte (23 ottobre 1942) fu un'alternarsi di vicende fra difensori e attaccanti. Interventi di artiglieria, reazioni di fuoco delle armi automatiche della fanteria e dei cannoncini controcarro, lotta corpo a corpo, attacchi ai carri con bottiglie incendiarie, il tutto nella più completa confusione di una notte. All'alba del 24 ottobre 1942, il sottosettore aveva resistito; il nemico inchiodato sulla fronte dei campi minati era ripiegato, diversi carri avversari fuori combattimento giacevano in fiamme, numerosi i caduti da ambo le parti. In particolare la Folgore aveva perso due Compagnie poste a difesa della prima fascia minata.

Inoltre era caduto il Tenente Colonnello Ruspoli, Comandante del Raggruppamento (VII° e VIII° Battaglione). II fallimento degli attacchi nemici alle posizioni dell'VIII Reggimento guastatori paracadutisti, e della "Folgore" tutta, sconvolse il nemico, che riteneva di potere agevolmente sfondare l'intera linea nel settore meridionale. I guastatori paracadutisti dell'VIII° Reggimento combatterono giorno e notte, dal 23 ottobre al 2 Novembre, senza cedere un palmo di terreno, contro soverchianti forze nemiche. Invano artiglierie, carri armati, fanterie tentarono di avere ragione della "Folgore" malamente armata (26 mitragliatrici - 242 fucili-mitragliatori - 6 mortai da 45 mm - 30 mortai da 81 mm - 58 pezzi controcarro da 47/32- 6 pezzi contraerei da 20 mm - 12 lanciafiamme).

Inoltre, degno di nota è il comandante dell'VIII guastatori paracadutisti, Maggiore Burzi, che assunse il comando del VII Battaglione paracadutisti in qualità di ufficiale superstite e più anziano. Malgrado la "Folgore" non abbia ceduto in alcun settore, il X° Comando di Corpo d'Armata, a causa della situazione generale e senza preavviso, ordinò l'arretramento di tutto il fronte. L'ordine giunse all'VIII° reggimento alle ore 21.30 del 2 novembre dal Colonnello Bignami, Vice Comandante della Divisione. Venne trasportato, in 10 ore, a piedi e in spalla tutto ciò che era possibile, senza acqua, senza munizioni e spesso senza scarpe, con brandelli di uniformi, l'ordine venne comunque eseguito e il 2 novembre le nuove posizioni erano presidiate. Il giorno 3 novembre però, dopo avere respinto un invito alla resa, giunse un nuovo ordine di ripiegamento e tutta la Divisione si rimise in marcia sostenendo, il giorno seguente, aspri scontri con pattuglie motocorazzate nemiche che intimarono più volte una resa peraltro sempre rifiutata. Stremati dalla fatica, falcidiati nel numero, privi di tutto, divenne impossibile resistere: alle ore 15.00 del 5 novembre venne ordinato ai superstiti di cessare ogni azione ostile. Il nemico, ammirato, cessa il fuoco il 6 novembre alle 14.35 concedendo gli onori delle armi ai sopravvissuti. La Folgore era giunta in Africa con 5.912 uomini. La lasciava con 306 sopravvissuti. Ma la storia non poteva finire così. I pochissimi leoni superstiti di El Alamein, non catturati dal nemico e riusciti a rientrare in patria, la 23ª Compagnia e le ricostituite 22ª bis e 24ª bis, diedero nuova vita al Battaglione che di lì in avanti fu chiamato 8° bis e inquadrato nel 185° Reggimento paracadutisti (ex 1°), "Nembo", costituito a Pisa il 1° novembre 1942. Questa volta i paracadutisti non frequentarono il corso guastatori ma rimasero fucilieri come in origine. Il supporto del genio fu, infatti, fornito alla Divisione "Nembo" dal CLXXXIV° Battaglione guastatori paracadutisti, che si guadagnerà fama e onore dopo l'armistizio combattendo nel Corpo Italiano di Liberazione, e in particolare nella battaglia di Filottrano. Nel 1943, mentre il grosso della Divisione "Nembo", ivi incluso il CLXXXIV° Battaglione guastatori paracadutisti, fu trasferito e impiegato in funzione difensiva in Sardegna, il 185° Reggimento paracadutisti e con esso l'8° bis, operò in modo autonomo e distaccato dal resto della Divisione. Nel luglio 1943, il 185° venne prima inviato in Puglia a presidio degli aeroporti salentini, successivamente spostato in Calabria e infine in Sicilia, per contrastare gli alleati sbarcati sull'isola e ormai in avanzata verso Messina. Attestatosi sulle posizioni di Barcellona Pozzo di Gotto e Castroreale, sulle falde settentrionali dei Monti Peloritani, facenti parte dell'ultima linea di difesa di Messina, all'incalzare dell'avanzata alleata fu costretto al ripiegamento verso Messina e al successivo traghettamento sul continente.

In Calabria la lotta continuò nelle città e sull'Aspromonte ma per l'8° bis si concluse, quasi per beffa, all'alba dell'8 settembre. Quella mattina, sui piani dello Zillastro, poche ore prima dell'annuncio dell'armistizio, il battaglione, per cercare di rompere l'accerchiamento, si lanciò in combattimento e attaccò i reggimenti canadesi "Nova Scotia" ed "Edmonton"; al termine degli scontri, dopo durissimi corpo a corpo nella boscaglia calabrese, i paracadutisti vennero sopraffatti e con essi l'8° Battaglione che uscì definitivamente dai ruolini del Regio Esercito. Il 1° giugno 2001 il 5° Battaglione guastatori "Bolsena" dislocato a Legnago (VR) è riconfigurato e assume la denominazione di 8° Battaglione Genio Guastatori "Folgore". L'VIII° Battaglione Genio Guastatori "Folgore", richiamandosi alla omonima unità che ha operato con la Divisione "Folgore" in Africa Settentrionale, è posto alle dipendenze della Brigata Paracadutisti. Inoltre alla "nuova" Unità sono assegnate Bandiera e tradizioni dell'8° Reggimento Genio erede a sua volta dei reparti dell'Arma che hanno operato con il Gruppo di Combattimento "Folgore" nel corso della guerra di liberazione. In sintesi un Reparto Genio che ingloba tutte le anime guastatori dell'esercito italiano passate, presenti e future. Il 31 ottobre 2004 il battaglione viene inserito nel ricostituito 8° Reggimento Genio Guastatori. L'8° Battaglione guastatori paracadutisti (motto: Rompo, Dirompo, Irrompo), parte operativa e proiettabile del

Reggimento, nacque nei primi mesi del 1941 a Tarquinia (provincia di Viterbo) come unità di fanteria organizzata su tre compagnie fucilieri, 22a, 23a e 24a, più compagnia comando.

Una volta terminato l'addestramento per l'aviolancio, venne inizialmente assegnato al 3° Reggimento paracadutisti, spostandosi poi a Civitavecchia dove, nel mese di maggio 1942, i paracadutisti frequentarono il corso guastatori. Ciò si rese necessario per l'esigenza immediata di poter disporre di unità guastatori di supporto divisionale che però l'arma del Genio al momento non era in grado di esprimere nei tempi richiesti. Successivamente i neo guastatori dell'8° furono anche inviati a Bagnoli (Napoli) dove frequentarono il corso tenuto dai genieri tedeschi. Dal 13 ottobre 2004 il Battaglione passa alle dipendenze dell'8° Reggimento. L'evoluzione recente del Battaglione è frutto di vari provvedimenti ordinativi che hanno comportato:

- La dislocazione da Foggia a Legnago (VR) nel 1995, alle dipendenze del Comando Regione Militare Nord-Est, del 5° Battaglione Genio Pionieri "Bolsena", nel quale confluisce anche il personale del 1° Battaglione Pontieri che viene sciolto.

- Il passaggio, il 1° dicembre 1997, alle dipendenze del neo costituito Raggruppamento Genio delle Forze Operative Terrestri.

- L'assunzione, nel 2000, della fisionomia di battaglione guastatori, il conseguente cambio di denominazione in 5° Battaglione Genio Guastatori "Bolsena" e il passaggio alle dipendenze della Brigata Paracadutisti "Folgore".

- Il cambio di denominazione, il 1° giugno 2001, in 8° Battaglione Genio Guastatori Paracadutisti "Folgore"

che lo rende erede delle tradizioni del 184°
Battaglione Genio Guastatori "Santerno" ;
- La trasformazione, il 13 ottobre 2004, in reggimento
  con la denominazione di 8° Reggimento Genio
  Guastatori Paracadutisti "Folgore".

Impiego

La specialità Genio Guastatori Paracadutisti è caratterizzata da accentuata e spiccata mobilità ed è dotata di mezzi per il movimento terra di media dimensione (in futuro muniti di cabina/cella protetta e aviolanciabili). E' in grado di fronteggiare le esigenze medie di una Brigata e, qualitativamente, atta a fornire una cooperazione dalle spiccate caratteristiche di aderenza all'Arma base in aree "a elevato rischio" sia in operazioni di guerra convenzionale sia in quelle di Peace Support. Il Reggimento guastatori paracadutisti è, allo stato attuale, articolato su un Comando di reggimento, una compagnia "comando e supporto logistico" e come unità di manovra, un battaglione genio guastatori paracadutisti. Il battaglione, a sua volta, si articola su quattro Compagnie Genio Guastatori Paracadutisti. L'8° Reggimento genio guastatori (per Forze Leggere-Paracadutisti) è l'unità fondamentale di supporto diretto per lo svolgimento della funzione "combat support" della Brigata "Folgore". E' in grado di assolvere tutti i compiti dell'Arma del genio (mobilità, contromobilità, protezione e supporto allo schieramento) ed è caratterizzato dalla capacità di muovere e combattere con le forze di manovra e di reagire con immediatezza alle esigenze operative dell'unità supportata con grande flessibilità di impiego che consente il passaggio da una missione alla successiva senza preavviso, o con corto preavviso (ad esempio dall'appoggio alla mobilità e contromobilità). Per la sua peculiarità, l'unità si addestra per assolvere anche compiti particolari propri di una operazione aviotrasportata ovvero per concorrere a un'operazione speciale. Il supporto avanzato alle operazioni aeree è una tra le principali missioni che il reggimento può essere chiamato ad assolvere nell'ambito anzidetto. Si concretizza nella costruzione, preparazione e/o nella riattivazione di strisce di atterraggio, di zone di sbarco e di zone di reimbarco, nonché nel mantenimento e nella riparazione di attrezzature/assetti utili per le attività delle forze aeree ad ala fissa e rotante, all'interno della testa di sbarco conquistata e difesa dalle Aviotruppe. Altra attività di preminente interesse del reggimento è l'attuazione di demolizioni, che può essere assolta decentrando moduli guastatori sino a livello di plotone. Per le attività di bonifica di aree/itinerari minati, il reggimento dispone di particolari assetti (team EOD) che possono compiere anche azioni particolari, connesse con azioni antisabotaggio, grazie alla disponibilità di personale altamente specializzato. In operazioni a media e alta intensità, il Reggimento è stato impiegato per la prima volta in Iraq, nell'operazione "Antica Babilonia VII", dall'aprile al settembre del 2005, dove ha contribuito alla sicurezza del contingente attraverso la realizzazione di lavori di protezione degli assi e punti critici e di miglioramento delle condizioni di vita, nonché le attività tese a garantire la mobilità del contingente. Successivamente ha preso parte in Piemonte e Valle d'Aosta, con una aliquota di personale, all'Operazione Domino VI (da dicembre 2005 a febbraio 2006) caratterizzata dal concomitante svolgimento delle Olimpiadi invernali di Torino. Nel 2006, a seguito dell'evoluzione del fronte Afgano e alla luce delle nuove esigenze operative emerse in fase condotta, il Reggimento ha intrapreso una nuova attività operativa riferita sia alla bonifica "sistematica" degli aree minate, sia alle attività ACRT (Advanced engineer reconosissance team). Infatti, nel 2007, in teatro Libanese, nel contesto della Missione LEONTE, ha effettuato sotto egida ONU attività di bonifica sistematica, attività che non veniva più svolta dal dopoguerra. Oggi il Reggimento si sta preparando con corsi di aggiornamento e di specializzazione del personale guastatore minex a garantire le attività ACRT. Il reggimento ha il compito di supportare la manovra della grande unità paracadutista garantendo la mobilità delle forze amiche all'interno dell'area d'operazione e sfavorendo al contempo quella delle forze ostili. Per tale motivo i guastatori paracadutisti devono essere esperti esploratori e scout, maestri nel maneggio e nell'impiego degli esplosivi, genieri capaci di posare o creare ostacoli ma anche di rimuoverli, truppe addestrate all'assalto contro postazioni organizzate in difesa capaci di costruire ponti tattici.

Ovviamente, come per tutte le altre unità paracadutiste della Folgore, l'ambito preferenziale d'impiego del reparto è nelle operazioni aviotrasportate. Oltre questi compiti prettamente militari, l'8° Reggimento guastatori paracadutisti opera quotidianamente anche per supportare la popolazione. Gli artificieri del reggimento si occupano della bonifica dei residuati bellici e degli ordigni inesplosi di qualsiasi genere rinvenuti.

Infine i guastatori paracadutisti, quando chiamati, intervengono anche in caso di pubbliche calamità, pubblica esigenza o in concorso alle forze di polizia.

Arruolamento

Per diventare un guastatore paracadutista bisogna innanzitutto essere paracadutisti militari. La Brigata paracadutisti "Folgore" impiega da sempre solo personale volontario, selezionato, il cui addestramento necessita una permanenza minima nei reparti superiore a un anno. Eccezione fatta per ufficiali e sottufficiali che seguono iter diversi, chi ambisce a vestire il basco amaranto e a fregiarsi del brevetto con la stella, deve farsi avanti durante il corso di qualificazione oppure presentare domanda al proprio comando. Passate le visite mediche di rito, i volontari (questa volta ufficiali e sottufficiali inclusi), devono superare il corso di specialità, detto anche corso individuale al combattimento. In questo corso si viene addestrati all'addestramento di base che deve essere comune a tutti i paracadutisti: navigazione terrestre, pattuglie, topografia, armi e tiro, nbc. È il primo approccio con la vita dei reparti operativi paracadutisti: si passano due o tre notti consecutive nella boscaglia o in una buca, si conosce il gelo e cosa significa restare bagnati a lungo, il riposo è ridotto al minimo, lo zaino e l'arma sempre al seguito. Non è raro vedere gente svenire durante le marce e qui si attua la prima scrematura. Si capisce chi non ce la fa e rinuncia. Il tutto dura circa 3 mesi.

Chi resiste va a frequentare il corso palestra della durata di 5 settimane presso il centro di paracadutismo. Qui è dove viene insegnato tutto quello che bisogna sapere circa il lancio militare vincolato. L'attività fisica certo non manca.

I test di ammissione sono:

- Almeno cinque trazioni alla sbarra.

- Almeno dieci saltelli corpo teso dietro (piegamenti sulle braccia con schiaffo mani e piedi).
- Almeno cinque piegamenti alle parallele.
- Almeno dieci piegamenti addominali.
- Corsa piana, 1500 metri in massimo 6'.
- Corsa piana, 5000 metri in massimo 25'.

Si fa molta attività fisica al centro quindi generalmente non sono molte le persone che falliscono le prove arrivati a questo punto. Quelle dove invece molti cedono sono quelle di contatto col vuoto e l'ardimento tipiche dei paracadutisti che sono altrettanto vincolanti:

- Lancio sul telo tondo (5 metri).
- Fune (9 metri).
- Plinto.
- Capovolte e carrucole.
- Lancio dalla torre.

Tutti i non esclusi, dopo aver superato anche un test scritto, vanno al lancio e dopo 5 lanci (i primi 2 senza equipaggiamento) conseguono il brevetto di paracadutista militare. A questo punto i paracadutisti vengono inviati ai reparti operativi. Quelli assegnati all'8° Reggimento devono però, per poter operare, esser prima qualificati guastatori. È la scuola del genio a rilasciare la qualifica minex (ex corso guastatori). Gli aspiranti studiano tutto ciò che riguarda gli esplosivi: riconoscimento ordigni, demolizioni, circuiti, maneggio, sicurezza, posa mine c/c e rimozione, metodi di distruzione o disinnesco, trappolamenti.
Inoltre gli aspiranti guastatori vengono iniziati alle tecniche di montaggio dei ponti, al riconoscimento dei mezzi, al mascheramento, ai materiali e alle attrezzature del genio.
Ovviamente il corso è molto duro soprattutto dal punto di

vista dello studio: i test scritti e pratici sono molto complessi e selettivi. Non sono ammessi errori e, infatti, questo è l'unico corso che non può essere ripetuto se si viene cacciati. Dopo circa 3 mesi (ne sono passati circa 8 totali) chi termina il corso guastatori con successo torna a reparto da guastatore paracadutista e finalmente inizia a operare.

10° Reggimento Genio Guastatori

Il 10° Reggimento Genio Guastatori è un reparto dell'Esercito Italiano con sede a Cremona dal 1993 nella caserma "Col di Lana" già occupata in precedenza dal 3° Battaglione Genio Pionieri "Lario" e dipende dalla 132a Brigata corazzata "Ariete", che a sua volta dipende gerarchicamente dal "1° Comando Forze di Difesa" o COMFOD 1.

Struttura

- Comando di reggimento
- Compagnia di Supporto Logistico (CCSL)
- Battaglione "Ticino", articolato in 4 compagnie:
  - 1a Compagnia Guastatori
  - 4a Compagnia Guastatori
  - 5a Compagnia Supporto alla Mobilità
  - 6a Compagnia Supporto allo Schieramento

L'unità partecipa alle seguenti missioni "Fuori area" per il mantenimento della pace:
- Operazione "Joint Guarantor" (Macedonia) nel 1999 con unità a livello compagnia.
- Operazione "Joint Guardian" (Kosovo) nel 1999 e nel 2002 a livello reggimento e nel 2000 e 2001 a livello battaglione.
- Operazione "Isaf" (Afghanistan) nel 2002 inizialmente con unità a livello compagnia e poi con due compagnie e un raggruppamento multinazionale del genio.

- Operazione "Nibbio" (Afghanistan) nel 2003 con un plotone EOD.
- Operazione "Decisive Endeavuor" (Kosovo) nel 2003 a livello battaglione.
- Operazione "Antica Babilonia" (Iraq) nel 2004 a livello reggimento.

Compie, altresì, numerosi interventi di pubblica utilità tra i quali sono da ricordare:
- Il terremoto del Vulture nel 1930 (10° Reggimento Genio).
- Il crollo della torre campanaria del Duomo di Pavia nel 1989 (3° Battaglione Genio Pionieri "Lario").
- Il ripristino della viabilità su più itinerari in Piemonte a seguito dell'alluvione dell'autunno 1994 realizzando, tra l'altro, dieci ponti Bailey tra i quali un D/D (doppio-doppio) lungo 257 metri nel comune di Bertonico (LO) .Il rafforzamento degli argini dei fiumi Po e Oglio nel 2000 e del fiume Adda nel 2002.
- L'invio di personale e mezzi in Sicilia per fronteggiare la crisi idrica della regione (operazione "Drink Water") nel 2003.

Prende parte, inoltre, all'operazione "Domino" (2001-2004) messa in atto per coadiuvare le Forze dell'Ordine nella vigilanza del territorio e nella protezione di obiettivi sensibili assumendo il comando del Raggruppamento Nord-Ovest dal novembre 2001 al febbraio 2002. Svolge, anche, dal 2000 con i propri nuclei EOD l'attività di "bonifica del territorio" da ordigni esplosivi nella zona di competenza sul territorio nazionale.

Storia

Il Reggimento ha origine dal Battaglione Zappatori e dal Battaglione Telegrafisti costituitisi nel 1920 per il Corpo d'Armata di Napoli. Il 1° ottobre 1922 i due battaglioni danno vita, in Santa Maria Capua Vetere, all'8° Raggruppamento Genio di Corpo d'Armata che il 5 novembre 1926 si trasforma in 10° Reggimento Genio. Con l'inizio della seconda guerra mondiale il Reggimento diviene centro di mobilitazione e tramite il deposito costituisce e mobilita numerose unità.

Fu sciolto a seguito dei noti eventi dell'8 settembre 1943. Il 1° aprile 1953 viene costituito in Pavia il III Battaglione Genio Pionieri di Corpo d'Armata mediante la trasformazione della preesistente 3a compagnia Pionieri Territoriale. Nell'ambito della ristrutturazione dell'Esercito, il 10 ottobre 1975 l'unità assume il nome di 3° Battaglione Genio Pionieri "Lario" ed eredita le tradizioni del 10° Reggimento Genio. Il 26 gennaio 1992 il Battaglione viene trasferito nell'attuale sede di Cremona. Con il riordinamento della Forza Armata,agli inizi degli anni novanta, il Battaglione viene sciolto il 15 agosto 1993 e il giorno successivo viene costituito il 10° Reggimento Genio Pionieri, nel quale confluisce anche il personale del disciolto 131° Battaglione Genio Guastatori "Ticino". Il 20 settembre 1996 il 10° Reggimento Genio Pionieri assume la configurazione di reggimento guastatori con la denominazione di 10° Reggimento Genio Guastatori. A partire dal 1999 viene ripetutamente impiegato in operazioni fuori area nelle varie missioni internazionali in cui era coinvolta l'Italia.

Nel giugno 1999 il Reggimento si ridislocava, pressoché al completo, in Kosovo partecipando così alla sua prima missione multinazionale di peace-keeping denominata "Joint Guardian". Dal 1° settembre 2000 il Reggimento è posto sotto il comando della 132^ Brigata Corazzata "Ariete" con sede a Pordenone.

Anche negli anni successivi il dipendente Battaglione "Ticino" è stato impiegato nel teatro Balcanico, ad eccezione del 2002 quando, a seguito dei noti eventi Afgani, il

Reggimento è stato impiegato contestualmente in Kosovo e in Afghanistan, nel corso dell'Operazione ISAF. Nello stesso anno 2002, in Macedonia, l'8 maggio, a seguito dello scoppio di una mina anticarro, moriva il Cap. Stefano Rugge, poi promosso Maggiore e insignito di Medaglia d'Argento.

Nel 2003 il Reggimento vede impiegati in Afghanistan, nel corso dell'Operazione "Enduring Freedom", alcuni componenti dei propri team EOD (Esplosive Ordnance Disposal), unità particolarmente addestrate nella ricerca e bonifica di ordigni esplosivi di qualsiasi natura.

Degna di rilievo, infine, è la partecipazione per la prima volta in Afghanistan di due nuclei cinofili per la ricerca di sostanze esplosive.

11° Reggimento Genio Guastatori

L'11° Reggimento Genio Guastatori è un reparto dell'Esercito Italiano con sede, dal 10 gennaio 2002, a Foggia nella caserma "Sernia-Pedone", ma anche con un distaccamento logistico di sede a Castrovillari (CS) e dipende dalla Brigata corazzata "Pinerolo", che a sua volta dipende gerarchicamente dal "2° Comando Forze di Difesa" o COMFOD 2.

Struttura

- Comando di Reggimento.
- Compagnia di Comando e Supporto Logistico.
- Battaglione Genio Guastatori, articolato in 4 compagnie:
    - 1a Compagnia Guastatori.
    - 2a Compagnia Guastatori.
    - 3a Compagnia Supporto allo Schieramento.
    - 4a Compagnia Supporto alla Mobilità.

L'unità partecipa con il concorso di personale, mezzi e materiali all'operazione "Pellicano" (Albania) nel 1992-93 (132° Battaglione Genio Pionieri "Livenza") e dall'agosto 2003 partecipa con unità a livello plotone alle operazioni del contingente nazionale ITALFOR (Albania) nell'ambito del NHQT (Nato Head Quarter Tirana). Compie, altresì, numerosi interventi di pubblica utilità sul territorio nazionale, tra i quali sono da ricordare:

- L'alluvione in Veneto nel 1966 (Battaglione Genio Pionieri "Ariete").
- Iil terremoto del Friuli nel 1976 (132° Battaglione Genio Pionieri "Livenza").
- Il terremoto in Campania-Basilicata nel 1980 (132° Battaglione Genio Pionieri "Livenza").
- L'alluvione nella località di Apricena (FG) nel 2002.
- Il terremoto nel basso Molise nel 2003.
- L'alluvione nella provincia di Taranto nel 2003 in concorso al Dipartimento della Protezione Civile.
- L'emergenza idrica in Sicilia nel 2003 sempre in concorso con il Dipartimento della Protezione Civile.

Prende parte, inoltre, alle operazioni "Vespri Siciliani" (1992-97) e "Domino" (2002-2004) messa in atto per coadiuvare le Forze dell'Ordine nella vigilanza del territorio e nella protezione di obiettivi sensibili.

Svolge, infine, con i propri nuclei EOD, l'attività di "bonifica del territorio" da ordigni esplosivi nella zona di competenza del territorio nazionale.

Per effetto del decreto n. 1539 in data 5 agosto 1927 viene costituito in Treviso, il 1° marzo 1928, l'11° Reggimento Genio con il concorso dei Reggimenti 2°, 4°, 5°, 6°, 7° e 10° dell'Arma. In particolare, il 2° Reggimento cede una compagnia zappatori-minatori; il 4° una compagnia telegrafisti e una colombaia; il 5° una compagnia zappatori-minatori, una compagnia telegrafisti, il Battaglione. teleferisti e due colombaie; il 6° una Compagnia. zappatori-minatori e una compagnia telegrafisti; il 7° e il 10° elementi per la formazione del deposito. La nuova unità comprende Comando, Battaglione zappatori-minatori, Battaglione telegrafisti, Battaglione teleferisti, deposito e tre colombaie.

Il 30 ottobre 1932 riceve un Battaglione R.T. dal disciolto 2° Reggimento radiotelegrafisti e nel mese successivo il Battaglione minatori-teleferisti è trasferito al 2° Reggimento minatori in corso di costituzione.

I reparti zappatori-minatori, nel febbraio 1934, divengono zappatori-artieri, denominazione modificata ancora in artieri. Per l'esigenza "Africa Orientale", nel 1935, il deposito mobilita due sezioni foto elettricisti e una sezione R.T. che sono inviate in Somalia; il Reggimento trasferisce ad altri enti 35 ufficiali e 1.245 soldati e forma una compagnia mista per divisione alpina. A fine anno 1936 il Reggimento è articolato su Comando, Battaglione artieri, Battaglione radiotelegrafisti, una compagnia mista per divisione alpina, una compagnia per divisione celere (formata nell'ottobre precedente), deposito e tre colombaie.

Nel gennaio 1937 anche i reparti telegrafisti e radiotelegrafisti cambiano denominazione in reparti trasmissioni. Con l'inizio del secondo conflitto mondiale il Reggimento diviene centro di mobilitazione e tramite il deposito costituisce e mobilita:

- Comando di Battaglione misto genio: III° (per Divisione Alpina "Julia"), XVI° (per Corpo d'Armata)
- Comando di Battaglione artieri: VII° e XII°.
- Colombaie mobili: 14a e 15a.
- Un numero vario di reparti minori.

Il Reggimento è sciolto nel settembre 1943 a seguito degli eventi determinati dall'armistizio.

Erede delle tradizioni dell'11° Reggimento Genio è il 132° Battaglione Genio Pionieri "Livenza" che si forma il 1° novembre 1975 a Motta di Livenza (TV) per trasformazione del preesistente Battaglione Genio Pionieri "Ariete". Tale unità discende dalla 132a compagnia mista del genio (costituita a Bolzano nel febbraio 1939) della Divisione Corazzata "Ariete".

L'11 settembre 1941 il personale della compagnia è inserito nel CXXXII Battaglione Misto Genio (132a compagnia artieri e 232a compagnia collegamenti) che partecipa, sempre con la Divisione "Ariete", ai cicli operativi in Africa Settentrionale ed è sciolto il 25 novembre 1942 per eventi bellici dopo la battaglia di El Alamein.

Ricostituita la Brigata Corazzata "Ariete" il 25 luglio 1952 viene formata una Compagnia Genio Pionieri che il 1° luglio 1958, a Motta di Livenza (TV), concorre alla formazione del Battaglione Genio Pionieri "Ariete". Il Battaglione rimane alle dipendenze della stessa Grande Unità divenuta Divisione. Nel 1963, con la trasformazione organica della Divisione "Ariete" in Divisione Standard NATO, il

Battaglione forma altre tre compagnie pionieri meccanizzate destinate alle tre brigate dipendenti dal Comando di divisione. Con lo scioglimento di tali brigate, nel settembre 1968, le tre compagnie confluiscono nell'organico del Battaglione.

Nell'ambito della ristrutturazione dell'Esercito, il 1° novembre 1975 l'unità diviene 132° Battaglione Genio Pionieri "Livenza" e inquadra: Comando, Compagnia Comando e due compagnie pionieri. Il Battaglione, che mantiene le tradizioni di valore delle unità che hanno portato il nome "Ariete", diventa erede anche del passato legato all'11° Reggimento Genio, del quale, con decreto 12 novembre 1976, riceve la Bandiera.

Con la soppressione del livello divisionale, il 1° agosto 1986 il Battaglione passa alle dipendenze del Comando Genio del 5° Corpo d'Armata e assume il nome di 132° Battaglione Genio Guastatori "Livenza". Il 1° aprile 1991 riprende la denominazione di 132° Battaglione Genio Pionieri "Livenza" che mantiene fino al 23 giugno 1993. In tale data, per un nuovo ordinamento assunto dalla Forza Armata, il Battaglione perde la propria autonomia e il giorno successivo è inquadrato nell'11° Reggimento Genio Pionieri che si costituisce in Motta di Livenza. L'unità rimane alle dipendenze del Comando Genio del 5° Corpo d'Armata e il 1° dicembre 1997 passa alle dipendenze del neo costituito Raggruppamento Genio dei Supporti delle Forze Operative Terrestri. Dal 1° gennaio 2000, l'11° Reggimento genio pionieri costituisce presso la sede di Motta di Livenza (TV) uno specifico Centro di Addestramento semplificato per le attività peculiari del genio. In data 13 novembre 2000 assume la denominazione di 11° Reggimento Genio Guastatori.

Dal 1° dicembre 2000, per effetto della rimodulazione delle unità genio dello strumento terrestre, l'11° Reggimento Genio Guastatori passa alle dipendenze del Comando Brigata Corazzata "PINEROLO" con sede a Bari, nell'ambito del 2° F.O.D. di San Giorgio a Cremano (NA) e in data 10 gennaio 2002, con provvedimento ordinativo discendente dal D.Lgvo 214/2000 - componente "genio"- viene costituito nella nuova sede di Foggia.

21° Reggimento Genio Guastatori

Il 21° Reggimento Genio Guastatori è un reparto dell'Esercito Italiano con sede a Caserta e dipende dalla 8ª Brigata Bersaglieri "Garibaldi" che a sua volta dipende gerarchicamente dal "2° Comando Forze di Difesa" o COMFOD 2. Ha sede a Caserta nella caserma "V. Amico" già occupata in precedenza sia dal 21° Reggimento Genio Pionieri sia dal 21° Battaglione Genio Pionieri "Timavo".

Il Reggimento è strutturato nel seguente modo:
- Comando di Reggimento
- Battaglione Genio Guastatori (articolato in 4 compagnie):
  - 1a Compagnia
  - 2a Compagnia
  - 3a Compagnia
  - Compagnia di supporto logistico.

L'unità partecipa alle seguenti missioni "fuori area " per il mantenimento della pace:
- Operazione "Joint Guardian" (Albania) nel 2000 con un'unità a livello compagnia.
- Operazione "Joint Guardian" (Kosovo) nel 2000 e due volte nel 2001 con unità a livello battaglione.
- Operazione "Isaf" (Afghanistan) nel 2003 a livello battaglione.
- Operazione "Endouring Freedom" (Afghanistan) nel 2003 con un plotone EOD.

- Operazione "Antica Babilonia" (Iraq) nel 2003 a livello reggimento.

Compie, altresì, numerosi interventi di pubblica utilità tra i quali sono da ricordare:
- Il terremoto in Campania-Basilicata del novembre 1980 (21° Battaglione Genio Pionieri "Timavo")
- L'alluvione nelle province di Salerno e Avellino nel maggio 1998 (21° Reggimento Genio Pionieri).

Svolge, infine, dal 2000 con i propri nuclei EOD l'attività di "bonifica del territorio " da ordigni esplosivi nella zona di competenza nazionale.
Tra gli interventi più impegnativi si ricordano quelli di:
- Battipaglia (SA) e Pescopagano (PZ) nel 2000 (milletrecento persone evacuate)
- Giffoni (SA) e Benevento nel 2002 (seimiladuecento persone evacuate)
- S.Egidio di Montalbino (SA) nel 2004 (tremila persona evacuate).

Storia

Il 21° Reggimento Genio Guastatori trae origine dal 21° Reggimento Genio, costituito il 1° ottobre 1937 in Trani (BA). Il 17 ottobre 1937, il 21° Reggimento si trasferisce in Africa settentrionale, a Bengasi, inquadrato nel neo costituito XXI° Corpo d'Armata della Cirenaica. Nel corso del 2° Conflitto Mondiale funziona come deposito e partecipa alle operazioni con i seguenti Battaglioni: XXI° Battaglione speciale artieri di Corpo d'Armata; XXI° Battaglione collegamenti di Corpo d'Armata; LXIII° Battaglione misto per la Divisione Autotrasportabile "Cirene" (63°), che diedero prova del loro valore soprattutto in Cirenaica. Il Reggimento viene sciolto il 31 maggio 1941.

Il 1° gennaio 1953 viene ricostituito in Trani (BA) un Battaglione del genio con la denominazione "XXI° Battaglione genio pionieri di Corpo d'Armata".

Il 1° Aprile 1962 una Compagnia del Battaglione si trasferisce a Oderzo (TV) alle dipendenze della IIIa Brigata Missili Aquileia. Il Battaglione si trasferisce nuovamente da Trani a Vicenza, nella cui sede, in data 31 maggio 1967, si ricongiunge anche la Compagnia con sede a Oderzo. Il 1° ottobre 1975 il Battaglione in Vicenza assume la denominazione di 21° Battaglione genio pionieri "Timavo" e gli viene assegnata la Bandiera di Guerra che fu del 21° Reggimento genio.

Il 1° febbraio 1979 il Battaglione viene sciolto.

Nello stesso anno lo Stato Maggiore dell'Esercito, nel quadro di una più razionale distribuzione delle Unità del genio sul territorio nazionale e anche per consentire interventi tempestivi in caso di pubbliche calamità nel Sud, dispone la costituzione, in data 1° febbraio 1979, in Caserta (caserma "G. Amico"), di un reparto del genio con la denominazione di "Battaglione genio pionieri per X° CMT" alle dipendenze del Comandante del genio della Regione Militare Meridionale.

Il 1° gennaio 1980 tale Battaglione assume la denominazione di 21° Battaglione Genio Guastatori "Timavo" e ne eredità la Bandiera di Guerra.

Il 21 settembre 1993, il 21° Battaglione genio pionieri "Timavo" assume la struttura ordinativa di 21° Reggimento genio pionieri. A decorrere dal 1° dicembre 1997 il Reggimento passa alle dipendenze del Comando Raggruppamento Genio in Udine, inserito nei Supporti delle Forze Operative Terrestri.

Dal 13 novembre 1999 al 30 marzo 2000 il Battaglione guastatori "Timavo", inquadrato nel 21° Reggimento, viene impiegato per la prima volta nell'ambito dell'operazione "Joint Guardian" in Kosovo. Il 30 settembre 2000 il Reggimento assume la fisionomia di Reggimento Genio Guastatori.

In data 1° dicembre 2000, nel quadro del riordinamento delle Forze Operative Terrestri, il Reggimento transita alle dipendenze della Brigata Bersaglieri "Garibaldi".

Dal 28 novembre 2000 al 28 marzo 2001 e dal 30 luglio 2001 al 1° dicembre 2001 il battaglione guastatori viene nuovamente impiegato nell'operazione "Joint Guardian" in Kosovo, dove sarà impiegato anche dal dicembre 2004 a giugno 2005. Il 21° Reggimento genio guastatori partecipa inoltre all'Operazione "Antica Babilonia" da giugno a ottobre 2003, e dal dicembre 2004 ad aprile 2005, e una Compagnia genio dal maggio 2006 a novembre 2006. Da gennaio 2003 a maggio 2003 il Battaglione genio partecipa all'operazione "Isaf" in Afghanistan, dove da febbraio 2003 a giugno 2003 vede impegnato anche un Plotone EOD per l'Operazione "Nibbio".

32° Reggimento Genio Guastatori Alpino

Il 32° Reggimento genio guastatori alpino è un reparto dell'Esercito Italiano con sede, dal 2016, a Fossano, provincia di Cuneo; precedentemente aveva sede a Torino nella caserma "Cavour", già occupata in precedenza dal 2° Battaglione del Reggimento Genio Ferrovieri, e fa parte della Brigata Alpina Taurinense.

Il reggimento risulta ordinato nel seguente modo:

- Comando Reggimento
- Compagnia Comando e Supporto Logistico
- Battaglione Guastatori comprendente 4 compagnie:
  - 6a Compagnia Guastatori Alpini
  - 9a Compagnia Guastatori Alpini
  - 3a Compagnia Supporto alla Mobilità
  - 4a Compagnia Supporto allo Schieramento

che derivano i loro nomi ("Teste Dure","Tormenta", "Valanga", "Folgore", Uragano",) da analoghe unità del XXX° e del XXXII° Guastatori sacrificatesi in Africa e in Russia durante la seconda guerra mondiale.

Un plotone, formato da team EOD (Explosive Ordinance Disposal) di 15 specialisti artificieri, si occupa in particolare dello sminamento, del disinnesco e della messa in sicurezza di residuati bellici potendo contare su equipaggiamenti di ultima generazione quali robot telecomandati. Sono inoltre di supporto team cinofili con cani addestrati a fiutare esplosivi.

Il reggimento dispone di mezzi ruotati leggeri e pesanti per il trasporto sia del personale che dei materiali destinati al supporto logistico delle unità dislocate fuori area. Dispone inoltre di bulldozer e smuoviterra per il ripristino della viabilità e la rimozione di macerie. Fornisce concorso di personale per le numerose missioni estere in Bosnia, Kosovo e Iraq e un plotone per l'operazione "Nibbio" (Afghanistan). Compie, altresì, interventi di pubblica utilità tra i quali si ricorda quello per l'alluvione in Liguria nel 2000. Ha fornito, inoltre, personale per l'operazione "Domino", messa in atto per coadiuvare le Forze dell'Ordine nella vigilanza del territorio e nella protezione di obiettivi sensibili. Venerdì 25 aprile 2008 il Comune di Lombardore (TO) ha solennemente conferito la cittadinanza onoraria al Comandante e al Decano del 32° Reggimento Genio Guastatori della Brigata Alpina Taurinense. Dall'agosto 2008 aliquote di personale partecipano congiuntamente alle forze di polizia all'operazione "Strade sicure" a Torino.

La partecipazione alla missione in Afghanistan è costata al reparto anche tre vittime.

- Il 17 maggio 2010, alle 9.15 locali, un ordigno è esploso al passaggio di un convoglio dell'ISAF, composto da automezzi di diversa nazionalità, partito da Herat e diretto a Bala Murghab. L'esplosione ha investito il quarto mezzo della colonna, un VTLM "Lince" del 32° reggimento genio guastatori provocando la morte di due militari (Sergente Massimiliano Ramadu' e Caporal Maggiore Luigi Pascazio) e il ferimento in modo grave di altri due (Caporal Maggiore Gianfranco Scirè' e Caporale Cristina Buonacucina).

- Il 28 luglio 2010 durante le fasi di disinnesco ordigni sono caduti presso il villaggio Injil (Herat) il 1° M.llo Mauro Gigli del 32° Reggimento genio e il caporal maggiore capo Pierdavide De Cillis del 21°

Reggimento genio guastatori di Caserta. In occasione della Festa dell'Esercito in Roma, il 6 maggio 2012 è stata conferita al sottotenente Mauro Gigli la Medaglia d'Oro al Valor Militare alla memoria con la seguente motivazione:

"Capo nucleo bonifica ordigni esplosivi improvvisati dalle straordinarie qualità umane e professionali, in missione di pace in Afghanistan, pur in turno di riposo si offriva di effettuare la neutralizzazione di un ordigno che metteva a repentaglio la sicurezza della popolazione civile e del personale militare. Dopo aver disarticolato un primo dispositivo, avvedutosi di una seconda trappola letale, senza indugio alcuno, accortosi dell'imminente pericolo decideva di donare gli ultimi momenti della sua vita per allontanare i presenti piuttosto che porre se stesso al riparo. Improvvisamente, mentre del personale riusciva a porsi in salvo, veniva investito dall'esplosione dell'ordigno, perdendo la vita. Fulgido esempio di coraggio e altruismo ispirati alle migliori tradizioni dell'Esercito. Herat (Afghanistan), 28 luglio 2010".

Storia

Il 32° reggimento genio guastatori alpini, riallaccia le sue origini alla 3a compagnia "Folgore" e alla 4a compagnia "Uragano" formate il 1° dicembre 1940 a Civitavecchia presso la Scuola Guastatori fondata dal Colonnello Piero Steiner. Presso la stessa scuola si formeranno il XXX° e XXXI° battaglione guastatori e l'VIII° battaglione guastatori paracadutisti. Il 14 gennaio 1941 le due compagnie sono inviate a Tripoli e riunite per ordine del Comando dell'Africa Settentrionale in un battaglione di formazione alle dipendenze del 1° Raggruppamento Speciale Genio. Il reparto è la prima unità della specialità guastatori a entrare in linea. Il 15 agosto 1941, con apposita disposizione, lo Stato Maggiore dell'Esercito sancisce la costituzione del battaglione, attribuendogli la denominazione di XXXII° battaglione guastatori del genio, con centro di mobilitazione il Deposito del 5° reggimento genio in Villa Vicentina. A partire dall'aprile del 1941 il battaglione partecipa alle vicende belliche sul fronte d'Africa Settentrionale:

- Cirenaica (aprile - settembre 1941).
- Battaglia della Marmarica (Operazione Crusader, novembre 1941).
- Tobruk (1941 e 1942).
- El Alamein (maggio - luglio 1942).

Il 1° agosto 1942 il 32° battaglione Guastatori viene "sciolto per eventi bellici" e i suoi 70 superstiti confluiscono nel battaglione gemello, il 31°, proseguendo la campagna d'Africa alle dipendenze della Divisione "Folgore" a El

Alamein, Sidi Aziz, fronte del Mareth, Akarit e infine a Enfidaville, dove la 1a Armata depone le armi il 13 maggio 1943.

Dopo il 25 aprile 1945 si perde traccia del 32° fino alla costituzione, nel 1975, del 3° battaglione "Verbano" con le compagnie 30a, 31a e 32a eredi dei tre battaglioni della Seconda Guerra Mondiale. Il 1° settembre 2002 il 32° Battaglione Genio Guastatori Alpino si ricostituisce, a Torino, alle dipendenze della Brigata Alpina "Taurinense", per riconfigurazione del 2° Battaglione del Reggimento

Genio Ferrovieri. L'unità incorpora anche la Compagnia Genio Guastatori "Taurinense" dal 1992 inquadrata nel Reparto Comando e Supporti Tattici della Brigata. Il 29 settembre 2004, a Torino, è stato costituito, nell'ambito della Brigata alpina Taurinense, il 32° Reggimento Genio Guastatori Alpino, che eleva praticamente al rango di Reggimento l'omonimo 32° Battaglione Genio Guastatori, che rimane inquadrato nel Reggimento con la denominazione di "XXX° Battaglione Genio Guastatori Taurinense", facendo così rivivere il XXX° Battaglione Genio Guastatori Alpino di Russia e le sue insegne. Oggi il 32° Reggimento Genio Guastatori Alpino è una unità fondamentale di supporto diretto per lo svolgimento della funzione di sostegno al combattimento. E' caratterizzato da elevata mobilità, spiccata versatilità di impiego e accentuata autonomia operativa. E' una unità destinata d operare in stretta collaborazione con i reggimenti di fanteria alpini e, di conseguenza, in ambiente ad alto tasso di attrito.

In sintesi, deve preparare la strada per le azioni offensive ed ostacolare il movimento del nemico in quelle difensive. Esso svolge inoltre funzioni essenziali di supporto nelle operazioni di pace, sicurezza e ricostruzione.

Oggi il Reggimento inquadra una Compagnia Comando e Supporto Logistico e il XXX° Battaglione Genio Guastatori Alpino articolato su due compagnie guastatori, una compagnia supporto alla mobilità e una compagnia supporto allo schieramento.

www.ingramcontent.com/pod-product-compliance
Lightning Source LLC
LaVergne TN
LVHW050610200726
843508LV00010B/1796